ZO
VIND
JE
EEN
BAAN!

www.sollicitatiedokter.nl
www.intelligence-group.nl

Dorien Waasdorp-Slotboom

COLOFON

Achtste druk, juli 2020

AUTEUR
Dorien Waasdorp-Slotboom

MET MEDEWERKING VAN
Maaike Kooter, Sophie Versteeg en Geert-Jan Waasdorp

VORMGEVING
Metmiriam

ISBN: 978-90-830806-8-0

INLEIDING

Hoe ga je op zoek naar een nieuwe baan? Dit praktische boek gaat jou daarbij helpen.

Ik ga je laten zien hoe je dingen beter kunt doen. En sommige dingen misschien zelfs anders. Zodat je nu wél die baan vindt die jij ambieert of dat je na jarenlang niet gesolliciteerd te hebben nu leert hoe je dat kunt doen. Het vinden van een baan kan echt een leuk en leerzaam proces zijn.

Op de arbeidsmarkt blijft enerzijds heel veel hetzelfde, bijvoorbeeld het belang van een eigen netwerk of bellen (of whatsappen) voor je solliciteert. Anderzijds verandert er ook enorm veel: de opkomst van social media, Indeed, LinkedIn tot en met het video solliciteren in de corona crisis. Een ding is zeker... Ik heb de afgelopen jaren van dichtbij gezien dat als je je zoekstrategie verandert, je heel snel een leuke baan tegenkomt. De baan die je zoekt is er namelijk echt, maar je vindt deze pas als je op de juiste plekken zoekt. Het zoeken naar een nieuwe baan is heel spannend en intensief.

In de afgelopen jaren hebben duizenden werkzoekenden en loopbaan-professionals het boek gebruikt bij hun zoekproces naar een baan. Je hoeft niet het hele boek te lezen om je baan te vinden. Het boek is zo ingedeeld dat het je gaat helpen de meest effectieve kanalen en manieren te gebruiken in je zoektocht. En daarbij kun je zelf de keuze maken of dat kanaal bij je past.

Als jij dit boek leest, worden je kansen vergroot en ga je met veel energie op zoek die nieuwe baan. Laat je me weten of dat is gelukt?

Dorien Waasdorp-Slotboom

Meer tips vind je op www.sollicitatiedokter.nl.

INHOUDSOPGAVE

LEESWIJZER

Tabel

In de tabel op de volgende pagina's staan in de eerste kolom de oriëntatiekanalen. In de tweede kolom de bijbehorende hoofdstukken waar wordt omschreven hoe je succesvol gebruik kunt maken van dit kanaal, in de derde kolom staan de bijbehorende paginanummers en in de vierde kolom zie je welke kanalen over het algemeen het meest effectief waren. In de kolommen daarnaast kun je op basis van je leeftijd en opleidingsniveau bekijken welke oriëntatiekanalen het beste bij jou passen.

Welke oriëntatiekanalen passen bij jou?

Zoek de kolom met je leeftijd en je opleidingsniveau (of het opleidingsniveau waarin jij je volgende baan zoekt) en kijk daarna in de kolom met oriëntatiekanalen. Voor ieder kanaal zie je onder jouw leeftijdsgroep en opleidingsniveau hoe belangrijk dit kanaal voor je is en of je het wel of niet kunt inzetten bij je zoektocht naar een baan.
Heb je geen beroepsopleiding afgerond, dan val je in de categorie vmbo.

Wat betekenen de symbolen?

 Dit oriëntatiekanaal is voor jou het meest relevant.

 Dit kanaal is belangrijk en effectief.

 Dit kanaal is niet per se effectief, maar het is wel goed om deze hoofdstukken door te lezen.

Onderverdeling in leeftijd en opleidingsniveau

Uit onderzoeken (Intelligence Group en CBS) blijkt dat de effectiviteit van de verschillende oriëntatiekanalen sterk verschilt tussen de leeftijdniveaus en naarmate iemand hoger of lager is opgeleid. Door de kanalen te kiezen die bij jou passen, gebruik je de meest effectieve manieren om een baan te vinden.

Via welk oriëntatiekanaal ben je aan je huidige baan gekomen? (Bron: AGO 2019-2020)	Hoofdstuk	Pagina	Meest effectieve kanalen van Nederland
Netwerk	3	24	18,1%
Vacaturesite	4	30	18,3%
Uitzendbureau	5	40	8,0%
Open sollicitatie	6	50	6,9%
Werving- en selectiebureau	7	56	3,1%
Bedrijf binnenlopen / bedrijf bellen	8	66	3,6%
CV uploaden in databank vacaturesite	9	72	2,4%
Social media	10	78	7,3%
Video sollicitatie	11	86	-
'Werken bij' site / bedrijvensite	12	88	4,7%
Huis-aan-huis bladen	13	94	1,0%
Zoekmachine	14	98	4,7%
UWV	15	104	1,8%
Interne vacature	16	110	0,0%
Krant	17	114	0,6%
Oriëntatie op scholen en universiteiten	18	120	2,8%
E-mail service / job alert	19	124	1,8%
Re-integratiebedrijf / outplacementbureau	20	130	0,8%
Advertentie in de etalage	21	136	0,9%
Vakblad en tijdschrift	22	140	0,8%
Bedrijfspresentatie / open dag	23	146	0,5%
Carrièrebeurs / banenbeurs	24	152	0,5%
Stage	25	158	0,9%
Internationaal werken	26	164	-

⭐⭐⭐ Dit oriëntatiekanaal is voor jou het meest relevant

⭐⭐ Dit kanaal is belangrijk en effectief.

⭐ Dit kanaal is niet per se effectief, maar het is goed om deze hoofdstukken wel door te lezen.

| | < 30 jaar | | | | 30-50 jaar | | | | 50+ | | |
VMBO	MBO	HBO	WO	VMBO	MBO	HBO	WO	VMBO	MBO	HBO	WO
b★	r★★	r★★	r★★	n★★	r★★	r★★	r★★	b★	n★★	r★★	r★★
n★★	r★★	r★★	r★★	n★★	r★★	r★★	r★★	r★★	r★★	r★★	r★★
n★★	n★★	b★	n★★	r★★	r★★	n★★	b★	r★★	n★★	n★★	b★
b★	n★★	n★★	n★★	n★★	n★★	n★★	n★★	n★★	n★★	b★	n★★
	b★		b★	b★	b★	n★★	n★★		b★	b★	b★
n★★	b★	b★	b★	n★★	b★	b★	b★				b★
b★	b★	b★	b★	b★	b★	b★	b★		b★	b★	b★
r★★	n★★	r★★	r★★	n★★	n★★	r★★	n★★	b★	b★	b★	b★
b★	b★	b★	b★		b★	n★★	r★★		b★	n★★	n★★
				b★	b★						
b★	b★	b★	n★★	b★	b★	b★	n★★	b★	n★★	b★	n★★
			b★		b★	b★					b★
				b★	b★						
	n★★	b★					b★				
		b★	b★	b★	b★	b★	b★		b★	b★	b★
					b★						
							b★				b★
			b★			b★					b★
			b★	b★	b★	b★					b★

Hoofdstuk 1

Maak een goed en vindbaar cv

Het curriculum vitae (cv) is jouw visitekaartje voor een toekomstig werkgever. Het beschrijft jouw arbeidsverleden, opleiding en competenties.

Recruiters hebben binnen tien seconden een oordeel over je cv. Misschien zijn er voor jouw baan wel tientallen sollicitanten. Het is dus belangrijk om op te vallen in die stapel cv's. Zeker de eerste pagina, die belangrijk is, omdat recruiters snel een indruk van je willen krijgen en op basis daarvan een keuze maken om wel of niet door te lezen.

Aan de hand van onderstaande punten geven wij je tips om jouw kans op een uitnodiging voor een gesprek aanzienlijk te vergroten met behulp van een goed en onderscheidend cv.

1 Personalia.
2 Pasfoto.
3 Persoonsprofiel.
4 Werkervaring.
5 Opleidingen / trainingen.
6 ICT kennis.
7 Talenkennis.
8 Hobby's.
9 Nevenactiviteiten.
10 Opvallende zaken.
11 cv afstemmen op de vacature.
12 Jouw cv in een recruitmentsysteem.
13 Tips.
14 Meest gemaakte fouten.

VEELGEMAAKTE FOUTEN
1 De inhoud van het cv is niet geschreven naar de inhoud van de vacature.
2 Onlogische layout.
3 Het cv geen eigen karakter meegeven.
4 Spelfouten.

1 Personalia

Een nieuwe werkgever heeft een aantal basisgegevens van je nodig om snel met jou contact op te nemen of om wat meer over je te weten. Het is belangrijk om de niet relevante zaken weg te laten.

In de twee voorbeelden hieronder zie je hoe wij vinden dat het niet moet en hoe wij vinden dat het veel beter is.

Als je een oer-Hollandse naam hebt, hoef je je nationaliteit niet te vermelden. Als het niet relevant is waar je geboren bent, voeg dit dan ook niet toe. Zo heb je meer ruimte voor andere relevante zaken.

Voornamen:	Ronald Jan Stefan
Achternaam:	Visser
Roepnaam:	Ronald
Titel:	Ing.
Geslacht:	Man
Nationaliteit:	Hollands
Telefoonnummer:	06 123456789
Emailadres:	r.j.s.visser@gmail.com
LinkedIn:	linkedin.com/in/ronaldvisser/123ri1
Adres:	Dorpsstraat 1
Postcode/woonplaats:	1234 AB Stad
geboortedatum:	3 april 1971
geboorteplaats:	Dorp (NB)

Bovenstaande personalia bevatten veel non-info, zoals geslacht, voornamen en geboorteplaats. Beter zou zijn:

Ing. Ronald (R.J.S.) Visser
06 123456789
r.j.s.visser@gmail.com

Dorpsstraat 1
1234 AB Stad

3 april 1971, Dorp (NB)

in linkedin.com/in/RonaldVisserFinanceSpecialist

Je snapt wat er bedoeld wordt, zonder dat er bij staat dat het zijn naam, adres en geboortedatum zijn. Die woorden kun je dus ook gemakkelijk weglaten.

In het tweede voorbeeld is veel informatie weggelaten, maar het is wel heel overzichtelijk. De contactgegevens staan bovenaan, dit is het belangrijkste omdat je wilt dat ze jou kunnen bellen.

2 Pasfoto

Een foto is geen must, maar kan je cv wel persoonlijker maken. Een goede pasfoto zorgt ervoor dat je herkenbaar bent voor recruiters (want die vinden dezelfde foto op LinkedIn) en zorgt ervoor dat ze je onthouden. Zorg voor een neutrale achtergrond, zodat deze niet afleidt.

3 Persoonsprofiel

Een profielschets is een korte versie van je sollicitatiebrief waar je beknopt waardevolle informatie verstrekt. Wie ben je, wat zoek je en wat is je toegevoegde waarde voor het bedrijf? Wij adviseren om (op A4 breedte) maximaal zes regels als profielschets aan te houden.

Bijvoorbeeld: Gedreven, vrolijk, hulpvaardig en service-gericht zijn woorden die mij goed omschrijven. In mijn werk kan ik prima zelfstandig werken, mijn eigen planning maken en hoor ik vaak dat ik zeer gedisciplineerd en gestructureerd werk. Collega's vinden het prettig dat ze altijd op me kunnen rekenen en bij mijn huidige werkgever gaat het werken met nieuwe systemen me makkelijk af. Voor mijn nieuwe werkgever is het goed om te weten dat ik informatie snel verwerk.

4 Werkervaring

Bij je werkervaring beschrijf je beknopt wat jouw functies waren en welke werkzaamheden je deed. Leg vooral nadruk op hetgeen relevant is voor de functie waarop je solliciteert.

- Vervulde functies – Bedrijf XXX (evt logo erbij).
- Datum van wanneer tot wanneer
  (laatste functie schrijf je als eerste op).
- Korte omschrijving werkzaamheden
  - Focus je op je laatste jaren werkervaring. Die van vijftien jaar geleden is echt minder relevant.

WERKERVARING OF STUDIE BOVENAAN?
Als starter is jouw studie vaak relevanter dan je werk-ervaring. Ben je al langer aan het werk, leg dan de focus op je werkervaring door deze bovenaan te plaatsen.

- Gebruik de functietitel die logisch en bekend is in de markt i.p.v. een interne functietitel die niemand kent.
- Een gat in je cv kan maar vul het op met: volgen van trainingen, sabbatical, wereldreis, mantelzorg.

5 Opleidingen en Trainingen

Schrijf in anti-chronologische volgorde (dus je laatste opleiding zet je bovenaan) je opleidingen en relevante trainingen onder elkaar. Belangrijk is om daarbij te vermelden in welk jaar je deze opleiding hebt gevolgd. Zo kan je laten zien dat je het belangrijk vindt om jezelf te ontwikkelen. Vermeld daarbij of je een diploma of certificaat hebt behaald van de opleidingen en relevante trainingen.

Ben je net afgestudeerd, zorg dan dat je je stages en afstudeeropdracht ruimer omschrijft dan wanneer je tien jaar werkervaring hebt. Dan hoeft dit namelijk niet.

6 ICT Kennis

Het kan voor sommige functies van belang zijn om goed je ICT kennis te omschrijven. Word, Excel, Powerpoint kun je samenvatten als MS office. Als je veel programmeertalen beheerst, schrijf ze dan goed op: dit zijn weer zoekwoorden voor een recruiter als je cv in de database van een recruitmentsysteem of vacaturesite zit.

Ben je bijvoorbeeld salarisadministrateur, schrijf dan duidelijk op met welke salarissystemen je hebt gewerkt.

7 Talenkennis

Als je bekend bent met het spreken en schrijven van meerdere talen, zet dat dan in je cv.
Gebruik de classificatie van Raad van Europa (A1/2, B1/2, C1/2).

8 Hobby's

Een recruiter wil altijd meer weten van een sollicitant.
Met een hobby kun je je onderscheiden. Hij moet wel iets
toevoegen. Als je een teamplayer bent laat dan zien dat je
een teamsport doet.

9 Nevenactiviteiten

Focus hierbij op recente en relevante activiteiten. Als je
veertig bent en je hebt achttien jaar geleden in de
barcommissie van je studentenvereniging gezeten? Laat
maar zitten. Ben je voorzitter geweest van die vereniging?
Dan wel vermelden. Probeer je nevenactiviteiten zo te
omschrijven dat ze je profiel versterken in de richting van
de functie waarop je solliciteert.

10 Onderscheidend vermogen

Je cv is je visitekaartje. Maar het is lastig om op te vallen
in een stapel van tientallen cv's. Daarom is het belangrijk
dat je nadenkt over je onderscheidend vermogen,
bijvoorbeeld met de volgende zaken:

- Werkervaring (voeg bijvoorbeeld logo's toe van de
  bedrijven waar je hebt gewerkt).
- Layout (maak het cv in de kleuren van het bedrijf
  waar je solliciteert).
- Persoonsprofiel (geen non-informatie vermelden).
- Hobby's (een interessante hobby kan opvallen en
  een recruiter dusdanig triggeren dat je wordt
  uitgenodigd voor een gesprek).

11 CV afstemmen op de vacature

Elke vacature bevat specifieke woorden, verantwoorde-
lijkheden, taken en competenties die je moet verwerken in
je cv om beter te matchen met de vacature. Een recruiter
kijkt gemiddeld 20 seconden naar je cv.

Het gebruik van herkenbare trefwoorden woorden kan dan helpen. Pas je cv elke sollicitatie aan op de vacature waarop je solliciteert. Dat wil zeggen: 90% staat vast, de overige 10% varieer je.

De variatie bestaat uit het toevoegen of weglaten van informatie, de volgorde veranderen of je profiel aanpassen. Het moet herkenbaar en leesbaar zijn voor de recruiter en passen bij de functie waar je op solliciteert. Zo heb je meer kans om uitgenodigd te worden.

12 Jouw cv in een recruitmentsysteem

Om het werk van recruiters te vereenvoudigen, maken ze bij grote aantallen sollicitanten gebruik van matching-software (ATS). Die software analysteert cv's en vacatures en selecteert automatisch de meest kansrijke kandidaten. Dat betekent dat als jouw cv niet de juiste termen bevat, het waarschijnlijk nooit onder ogen van de recruiter komt. Hetzelfde geldt voor de cv's die in de databases van de vacaturebanken zitten.

Maak dus een analyse van trefwoorden en vaktermen in de voor jou relevante en passende vacatures en werken-bij sites. En zorg dat die terugkomen in de tekst van je cv. Zodat de matchingsoftware ze herkent en er voor zorgt dat je cv door de eerste selectie heen komt.

13 Tips

- Geef je PDF document van je cv een logische naam:
  - cv Dorien Waasdorp, HRBP, PharmaPartners.
- Pas je cv aan per sollicitatie.
- Gebruik je een kleur in je cv, denk er dan wel aan wat er gebeurt als het in zwart-wit wordt uitgeprint.
- Breng accenten aan (koppensnellers).
- Vertel de waarheid.
- Zorg dat je foto op je cv dezelfde foto is als die op je Linkedin profiel.

- Stel bij een afwijzing de juiste vraag aan de recruiter: *Wat mist u in mijn cv?* Of: *Wat moet er (nog meer) in mijn cv staan om uitgenodigd te worden voor een gesprek?*
- Laat een ander meelezen om eventuele fouten en onjuistheden eruit te halen.
- Zorg dat je cv uitstraalt wat bij jou en het bedrijf past.
- Laat je sterke punten naar voren komen.
- Denk aan een zakelijk lettertype.
- Stel je cv in Word op, verstuur het in PDF.
- Het cv mag niet langer dan drie pagina's zijn.
- Wees concreet.
- Vermeld resultaten met concrete cijfers (bijvoorbeeld prijs voor beste verkoper 2019).
- Gebruik geen afkortingen.
- Gebruik opsommingstekens.

14 Meest gemaakte fouten

- Taalfouten.
- Onwaarheden (check met LinkedIn).
- Geen naam en contactgegevens vermelden.
- Vakantiefoto meesturen.
- Foto zonder oogcontact of lach.
- Te weinig informatie.
- Te veel (non-) informatie.
- Geen persoonsprofiel.
- Cv met meer dan 3 pagina's.
- Te weinig wit regels zodat het cv niet lekker leesbaar is.
- Cv in 3e persoon schrijven.

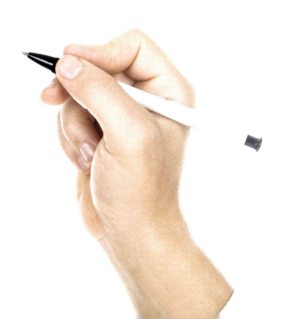

Hoofdstuk 2

Schrijf een krachtige motivatiebrief

Het schrijven van een motivatiebrief is een belangrijk moment in het sollicitatieproces. Een brief is aanvullend op jouw cv en een persoonlijke motivatie voor een specifieke functie, bedrijf of voor een open sollicitatie.

In de tijd dat sollicitaties nog per post werden verzonden, was de motivatiebrief de eerste kans om het 'wow gevoel' bij jouw toekomstige werkgever op te roepen. Dit is nog steeds zo, ook al doen we alles tegenwoordig elektronisch. Na ontvangst van jouw e-mail heb je één kans om de lezer/ vacaturehouder zodanig te interesseren dat hij serieus naar jouw brief kijkt. Hoewel de meeste vacaturehouders met name geïnteresseerd zijn in het cv wordt bij een goede match ook de brief gelezen. Dit kan, bij twijfel, de laatste zet zijn in de goede richting om je uit te nodigen voor een gesprek. Ook laat je zien hoe gemotiveerd je bent voor de functie en de organisatie.

2.1   SOORTEN MOTIVATIEBRIEVEN

1   Bij een open sollicitatie is er (nog) geen vacature waarop je solliciteert. Een goede brief is dus extra van belang. In deze brief schrijf je:
    • Wie je bent en wat je kunt.
    • Wat voor soort werk/functie je ambieert.
    • Wat je motivatie is om deze functie te willen.
    • Wat jouw toegevoegde waarde is (er is tenslotte geen vacature).
    • Waarom je juist bij die organisatie wilt werken.

Wij zeggen altijd: "Niet gebeld is niet gesolliciteerd". Ook bij een open sollicitatie is het belangrijk om een bedrijf te bellen. Probeer er achter te komen waaraan ze behoefte hebben en waar er binnenkort vacatures komen. Zorg dat je een naam krijgt zodat je de brief aan een persoon kan richten. Je hoopt dan op een vacaturehouder of dat iemand die je al kent je kan voorstellen bij het bedrijf.

2   Videosolliciteren is in de laatste jaren sterk gegroeid. In bepaalde sectoren en bedrijven vragen werkgevers jou om je cv toe te lichten met een video. Het doel hiervan is om jouw persoonlijkheid beter door te zien stralen. Lees meer in hoofdstuk 18 Video solliciteren.

3   Sollicitatie op een vacature:
In dit hoofdstuk benadrukken we hoe je solliciteert op een vacature die door een werkgever is gepubliceerd.

2.2   NIET GEBELD IS NIET GESOLLICITEERD

Maak vóór het versturen van je brief al indruk bij een potentiële nieuwe werkgever door vooraf te bellen. Zo laat je je naam al een keer vallen bij de contactpersoon en kom je op zijn of haar netvlies. Mits je een goede indruk maakt natuurlijk.

Als een vacature je aanspreekt, als je de website hebt bekeken en als je je hebt verdiept in het bedrijf (want voorbereiding is essentieel), beginnen vragen te borrelen. Dat is een goed teken. Misschien is dit ook echt een interessante vacature voor jou. Vaak staat niet alle informatie over de baan in de vacature of op de website vermeld. De belangrijkste eigenschappen staan meestal omschreven, maar juist als je ook aansluit bij de details van de functie zal dat een goede indruk maken. Bellen is de beste manier om meer informatie te verzamelen voor je gaat solliciteren én om jezelf te presenteren bij je potentiële nieuwe werkgever. Onze overtuiging: niet gebeld, is niet gesolliciteerd. Bellen is de eerste stap om je te onderscheiden.

2.3   WAT IS HET BELANG VAN EEN KRACHTIGE MOTIVATIEBRIEF?

•   Het is een aanvulling op je cv (in je cv kan je niet alles vermelden of uitweiden).
•   Het is een trigger voor de lezer om jou te leren kennen.

- Het is een motivatie waarom jij die baan zou willen.
- Een goede brief kan je onderscheiden ten opzichte van je mede sollicitanten.

De brief is maximaal 1 A4, met lettergrootte 10 of 11.

2.4 WAT MAAKT EEN MOTIVATIEBRIEF KRACHTIG?

Maak gebruik van het AIDA model:

- **Aandacht trekken: lay-out & goede opening**
  Door middel van je sollicitatiebrief moet je de aandacht trekken om op te vallen tussen alle andere brieven. Dat vraagt om een krachtige openingszin en een goede algehele indruk. Je brief is origineel en pakkend.

Voorbeelden van een goede openingszin
Voorbeelden van openingszinnen die geen of de verkeerde indruk maken: *Naar aanleiding van uw advertentie in het NRC van woensdag 15 april 2015, waarin u aangeeft op zoek te zijn naar een 'Medewerker Bedrijfsbureau', ontvangt u mijn Curriculum Vitae en motivatie. Ik ben 44 jaar en op zoek naar werk in een soortgelijke richting...*

Beter zou zijn: *Alert, stressbestendig en klantgericht zijn woorden die mij goed omschrijven en waarschijnlijk passen bij de persoon die u zoekt bij uw vacature voor receptioniste.*

Of: *De vacature en uw website kenmerken uw bedrijf als dynamisch en multicultureel. Als ervaren receptioniste ben ik gewend om...*

Of: *U zoekt een nieuwe HR Business Partner? Hier ben ik dan! Gepassioneerd, betrokken en deskundig.*

Of: *Tijdens het lezen van uw advertentie op intermediair.nl raakte u bij mij precies de juiste snaar. "........quote uit advertentie / samenvatting die je aanspreekt......"*

- **Interesse wekken: enthousiasme, visie & relevantie**
  Je hebt de aandacht van de lezer (de recruiter) getrokken. Nu wordt het tijd de verwachtingen die je gewekt hebt ook waar te maken. Dat doe je door je unieke eigenschappen te benoemen. Daarmee onderscheid je je van alle kandidaten en wek je ook de interesse van de recruiter.

- **Desire opwekken: toegevoegde waarde & STARR methode**
  In de sollicitatiebrief is dat verlangen naar een ontmoeting, een oriënterend gesprek. Daarvoor moet je helder kunnen maken wat jij dat bedrijf te bieden hebt. Dus zet je zogenaamde 'ik-heb-die-eigenschap' om in een 'u-krijgt-dat-voordeel'-zin! Gebruik hiervoor de STARR methode. Je vertelt dan aan de hand van een Situatie, de Taak die jij vervulde, de Actie die daaraan vastzat, het Resultaat dat je hebt bereikt en je Reflectie op deze actie.

- **Aanzetten tot actie: uitnodiging op gesprek**
  De laatste zin van je brief is de 'finishing touch'. Het is de call to action. Bijvoorbeeld:
  - Ik hoop binnenkort uw reactie te mogen ontvangen.
  - Ik zie met belangstelling uit naar uw reactie.
  - Na onze hartelijke telefonische kennismaking, zie ik ernaar uit om verder van gedachten met u/jou te wisselen in uw/jullie kantoor.
  - De aangegeven gespreksdata heb ik vast gereserveerd in mijn agenda. (knipoog)

2.5   STRUCTUUR VAN EEN SOLLICITATIEBRIEF

- Een enthousiaste pakkende openingszin.
- Een middenstuk waarin je eerst vertelt waarom je geïnteresseerd bent in de functie. Wat spreekt je aan in de functie? Welk deel 'triggert' je?

- Daarna vertel je waarom je juist bij dit bedrijf wilt werken. Maak het zo specifiek mogelijk. Kijk eens naar de doelstelling van het bedrijf, de cultuur en de bedrijfsresultaten.
- En hierna vertel je waarom de werkgever juist jou moet uitnodigen. Ga dieper in op je vaardigheden en kwaliteiten en zoek de verbinding met de taken in de vacature. Wat is je meerwaarde voor het bedrijf? Wat zijn je meetbare resultaten in een vergelijkbare functie of project?
- Een slot, waarin je aangeeft dat je per direct beschikbaar bent en je graag op gesprek zou willen komen. Vertel dat je elk moment van de dag langs kunt komen, zelfs in het weekend. Hiermee geef je aan dat je erg graag wil.

TIPS

1 **Geef je brief een logische en unieke naam.**
Voorbeelden: Motivatiebrief Piet Hermsen.doc, Motivatie Piet Hermsen KPN.doc, Piet Hermsen – Sales Engineer.doc of Piet Hermsen – Engineer in hart en nieren.doc

2 **Laat je brief altijd door iemand anders lezen.**
Het is heel moeilijk om fouten te halen uit een tekst die je zelf hebt geschreven en die je al vaak hebt gelezen. Vraag het daarom aan iemand anders, iemand die je al kent.

3 **Vermijd non-info.**
Non-info is alle informatie die de lezer logischerwijs kan weten, al ergens anders kan lezen in de brief of cv, afleidende beelden of versiersels of informatie die er niet toe doet bij een sollicitatie.

4 **Lay-out.**
Zorg voor leesbaarheid, rust en overzicht. Gebruik dezelfde *look and feel* als in je cv.

5 **Beste of Geachte**.
Als je de lezer niet kent gebruik je Geachte heer De Vries. Als je de lezer kent gebruik je Beste Piet. Je kunt ook gebruik maken van de combinatie: Geachte heer De Vries, Beste Piet.
Let op. In de aanhef schrijf je het tussenvoegsel met een hoofdletter: Geachte heer De Vries. Controleer de naam goed, niets is zo erg als een fout geschreven naam.

6 **Passief versus actief.**

Gebruik actieve in plaats van passieve taal en zorg dat je dit door heel je sollicitatieprocedure toepast.

Passief: "Ik ben verantwoordelijk geweest voor.." Actief: "Ik was verantwoordelijk voor.."

Passief: "Ik heb leiding gegeven aan.." Actief: "Ik gaf leiding aan.." of "ik geef leiding aan"

7 **Vermijd dooddoeners en clichés.**

De spin in 't web, Geen 9-5 mentaliteit, "Ik werk goed in teamverband maar kan ook zelfstandig werken",

Beter zou zijn:

"Ik beschouw mezelf als een pionier, omdat ik graag nieuwe markten verken en bewerk. Bij mijn huidige werkgever heb ik dat met name voor product X kunnen doen. Daar was nog weinig over bekend, maar na de succesvolle campagne die ik organiseerde, was het marktaandeel gestegen tot X%."

8 **Schrijf elke brief alsof het de eerste is.**

De vacaturehouder kan er niets aan doen dat je al X keer bent afgewezen.

Een sollicitatiebrief is maatwerk.

9 **Sluit je brief aan op je cv en de functie...**

Voorkom veel herhaling en in alle zinnen 'ik'.

10 **Houd het kort en bondig.**

Korte brieven worden makkelijker gelezen. Houd het op maximaal 1 A4, lettergrootte 10 of 11. Less is more.

11 **Kopieer de schrijfstijl, kleur en woorden van het bedrijf.**

Zonder af te doen aan je eigen stijl.

12 **Ken je lezer.**

Speel in op zijn of haar problematiek, actualiteit, drukte, stijl etc.

13 **Referentie.**

Refereer aan een prettig gesprek dat je hebt gehad, als je iemand vooraf hebt gesproken.

2.6 HOEVEEL TIJD KOST HET SCHRIJVEN VAN EEN SOLLICITATIEBRIEF?

Een goede, krachtige, actuele sollicitatiebrief schrijven kost tijd. Schrijf nooit in een keer de brief die je direct verstuurt. Lees de brief een dag later nog eens na en laat de brief door iemand anders lezen.

2.7 DE BESTE MANIEREN OM AFGEWEZEN TE WORDEN

1 Handgeschreven brief.
2 One size fits all (standaard brief).
3 Taal- en spelfouten.
4 Naam lezer verkeerd/niet geschreven/veranderd.
5 Ik x 25.
6 Te groot of te klein lettertype.
7 Twee A4's.
8 Herhaling, herhaling, herhaling.
9 Arrogantie in je brief.
10 Geen brief schrijven!

2.9 VOORDELEN EN NADELEN VAN HET SCHRIJVEN VAN EEN KRACHTIGE SOLLICITATIEBRIEF

Voordelen
- Je kunt laten zien wat je in huis hebt.
- Je kunt opvallen tussen al die andere sollicitanten als je een originele en krachtige brief schrijft.
- Je laat bij een krachtige brief zien dat je erg gemotiveerd bent.
- Als je vooraf gebeld hebt naar de vacaturehouder kun je in je brief naar dit gesprek verwijzen in de hoop dat ze je naam nog kennen.

Nadelen
- Het kost veel tijd om een goede brief te schrijven.
- Een brief wordt niet altijd gelezen door de vacaturehouder.

TIP
Voeg nooit los je motivatie toe in een invulveld, maar maak er een apart verzorgd document van die je up kan loaden in het sollicitatie-systeem.

Hoofdstuk 3

Netwerk

Netwerken is 'net'-'werken'. Netwerken moet je altijd blijven doen en dit stopt nooit, ook niet als je straks weer een baan hebt. Op het moment dat het nodig is kun je bij iemand aankloppen voor hulp of vragen of iemand met je mee wil denken.

In je netwerk zitten: familie, vrienden, kennissen, buren, (oud-)collega's, (oud-)leraren, gamevrienden, insta en facebook vrienden, je oud-klanten, relaties en leveranciers. En verder mensen die je kent van de sportclub of bijvoorbeeld van de kerk waar je heengaat. Vroeger noemden we netwerken iemand als 'kruiwagen' gebruiken.

Netwerken is het leggen en onderhouden van contacten met mensen die jou in de toekomst mogelijk kunnen helpen met je zoektocht naar een baan.

3.1 SOORTEN NETWERKEN

Jouw netwerken kunnen we onderverdelen in:

1 **Je netwerk van vrienden,** zoals familie, studiegenoten, kennissen, sportmaatjes. Dit netwerk is van belang omdat achter je vrienden een heel nieuw netwerk schuil gaat dat interessant is en dat ze graag voor je willen inzetten. Ze zijn niet voor niets 'vriend'.

2 **Je professionele netwerk,** zoals (oud-)collega's, leveranciers, beroepsverenigingen, oud-klanten, commerciële contacten die je hebt opgedaan of mensen die jou of je (oud-)baas met regelmaat belden.

3 **Je netwerk van onbekenden,** zoals mensen die je ontmoet op beurzen, borrels en evenementen.

4 **Je netwerk van de groep mensen waar je graag bij wilt horen,** denk hierbij aan mensen met dezelfde achtergrond als jij, mensen die een opleiding doen die jij leuk vindt, mensen die het werk doen dat jij graag wilt doen. Kortom, mensen die interessant voor je zijn om eens mee te praten. Als je een account hebt op LinkedIn kun je je aanmelden voor de groepen waar je bij wilt horen, of om je netwerk te verbreden.

Veelgemaakte fouten
1 Denken dat netwerken vanzelf gaat.
2 Wachten tot je ontslagen bent en dan pas gaan netwerken.
3 Denken dat de ander een baan voor je heeft of dat voor je regelt.

VIA VIA

'Nou, dat is toevallig, mijn buurman zoekt een baan als ober.' 'Ik wil me nergens mee bemoeien, maar ik ken iemand die...' 'Hoorde ik je nou zeggen dat je een vacature hebt? Mijn vriendin is een hele goede secretaresse.'

MAG JE TERUGKOMEN BIJ JE OUDE BAAS?

Mag je nog koffie drinken bij je oude baas? En bij de klanten, relaties en leveranciers van je (oud-)baas? Ja, het netwerk van (oud-)werkgevers en de contacten die je daar hebt opgedaan geeft je juist veel kansen. Benader ze actief om een kop koffie met je te drinken.

IK ZOEK EEN BAAAAAAAAAAAAAAN!!!

Je hoeft het niet van de daken te schreeuwen, maar je hoeft ook niet bang te zijn of je te schamen. Laat gewoon iedereen die je kent weten dat je een baan zoekt. Bel mensen op, dat is het meest actief en effectief. Een simpele manier om veel vrienden en kennissen ineens te bereiken is via een berichtje op Facebook, Twitter en LinkedIn. Of stuur een appje.

De banen die je via je netwerk vindt zie je vaak niet op een vacaturesite. Dit noem je de verborgen arbeidsmarkt. Als je aan iemand vraagt : 'Hoe ben je aan die baan gekomen?' is het antwoord vaak: 'Via via.' De 'via via' banen worden ingevuld voordat ze op een website worden geplaatst. Door zelf achter deze 'onzichtbare' vacatures aan te gaan via je netwerk, maak je meer kans op deze banen dan de mensen die afwachten.

3.2   HOE VIND JE HET JUISTE NETWERK?

Begin dicht bij jezelf. Wie ken je allemaal, wie vertrouw je en wie heeft er een netwerk met interessante werkgevers?

Maak je netwerk stap voor stap actiever. Ga koffie drinken bij oud-klanten. Knoop eens een gesprek aan op het schoolplein of op je sportclub. Ook feestjes zijn een prima plek voor gesprekken. Vraag aan de mensen die jij kent of zij weer iemand kennen die jou verder kan helpen. Durf daarbij mensen aan te spreken. Mensen helpen graag. Ze gaan natuurlijk niet een baan voor je zoeken, maar ze geven je wel graag tips en advies.

3.3   HOE WERKT NETWERKEN?

Weten wat je wilt
Stel jezelf de vraag: 'Welke baan wil ik en wie kan me daarbij helpen?' Als je niet goed weet wat je wilt, vraag dan eerst aan vrienden en bekenden om met je mee te denken. Zij kennen jou goed en weten wat bij je past. Weet je zelf al goed wat je wilt, maak dan een lijst van bedrijven en mensen bij wie je wilt horen en die je kunnen helpen te komen bij het bedrijf waar je graag wilt werken. Maak een lijst met bijvoorbeeld tien tot vijftien namen en ga daarna (goed voorbereid) met ze netwerken.

Het netwerkgesprek
Een netwerkgesprek is iets anders dan een sollicitatie-gesprek. Netwerkgesprekken zijn vaak lunches, even koffie drinken of een uurtje tijd vragen. Let er tijdens een netwerkgesprek op dat je:

- Informeel begint (*Hoe gaat het?* Of: *Fijn dat je tijd voor me hebt*) en daarna gericht vragen stelt.
- Open en eerlijk bent.
- Je cv bij je hebt.
- Netjes gekleed bent.
- Duidelijk bent in wat je wilt, bijvoorbeeld: *Kun je mij introduceren waar jij werkt? Weet jij nog vacatures waar ik iets aan kan hebben?* Of: *Ken je mensen die mij verder kunnen helpen?*
- De ander in zijn waarde laat, wees niet eigenwijs en ga niet in discussie.
- Iemand bedankt voor zijn tijd.

Netwerken via bekenden werkt beter dan via een beurs, seminar of congres. Het is wel een goede manier om via evenementen en beurzen aan je netwerk te bouwen.

3.4 HET GESPREK ZIT ER OP

Je hebt een goed gesprek gehad met iemand die je misschien kan helpen. Bedank diegene voor zijn of haar tijd.

TIEN VRAGEN DIE JE KUNT STELLEN IN EEN NETWERKGESPREK MET IEMAND UIT DE GROEP WAAR JE BIJ WILT HOREN

1 Wat maakt jouw werk zo leuk?
2 Waar hoor je dat het goed gaat en ze misschien mensen nodig hebben?
3 Wie denk je dat mij verder kan helpen en wie raad je me aan om eens te bellen?
4 Zijn er interne vacatures bij jullie?
5 Heb je tips voor me hoe ik zonder ervaring in dit vakgebied terechtkom?
6 Hoe zou jij het aanpakken?
7 Waar kan ik het beste kijken naar vacatures?
8 Welk (uitzend)bureau zou je me adviseren?
9 Wat zijn belangrijke skills in dit vakgebied?
10 Kan jij mij introduceren bij jouw afdelingsmanager?

Blijf positief in je gesprek, niemand zit te wachten op geklaag over je vorige werk of baas. Wanneer je een goede indruk achterlaat word je eerder ergens voorgesteld door je netwerk of wordt je cv op iemands bureau achtergelaten: de gunfactor.

Gebruik het gesprek vooral om van te leren en doe iets met de tips waar je denkt verder mee te komen. De kans dat iemand je meteen kan helpen is klein, de kans dat je goede tips krijgt is groot. Laat een goede indruk achter door een klein bedankje te geven. Bij een privégesprek bij iemand thuis geef je bijvoorbeeld een bos bloemen of een doos bonbons. Bij een zakelijk gesprek betaal je bijvoorbeeld de rekening van de lunch.

Als iemand beloofd heeft navraag te doen naar vacatures in zijn bedrijf of het telefoonnummer van een contactpersoon zou geven en je hebt niets terug gehoord, bel na een week diegene nog eens op ter herinnering. Als je daarna nog niets hoort bel je na vier weken nog een keer.

Wederdienst verlenen
Wanneer iemand uit je netwerk jou om hulp vraagt, denk dan ook met diegene mee. Netwerken werkt alleen in je voordeel als jij ook anderen wilt helpen.

BEDANKT VOOR DE TIP
Als je een baan hebt gevonden vergeet dan niet diegene die je een tip gaf te bedanken of een bedankje te sturen. Laat altijd weten wat je met de tip hebt gedaan, ook als de tip je geen baan opleverde.

BEREID JE ELEVATOR PITCH VOOR

Het woord *Elevator Pitch* is een moeilijk woord voor verkooppraatje. Het gaat over jezelf waarbij je gesprekspartner komt te weten wat jij voor hem of haar zou kunnen betekenen. Wanneer je jouw netwerk aanspreekt om een baan te vinden, of als je onverwachts iemand tegenkomt die interessant voor jouw netwerk is, is het goed om te kunnen verwoorden wat jij de ander te bieden hebt en waarom.

- Korte, krachtige, prikkelende presentatie waarin je enthousiast vertelt wie je bent, wat je meeneemt en waar je goed in bent.
- Voorwaarden: max 40 sec, passievol gebracht, omvat wat jij belangrijk vindt dat een ander te weten komt over jou.
- Hou het persoonlijk en spreekt niet over "wij".

Voorbeeld Elevator Pitch:
- Ik ben … (vertel je naam en je functie met evt een korte omschrijving).
- Ik zoek … (wat doe je graag en waar blink je in uit).
- Mijn bijdrage is … (vertel wat je kan of bijdraagt aan je werk of aan een team).
- Kunt u mij helpen met … (stel de hulp vraag…).

3.5 VOORDELEN EN NADELEN VAN NETWERKEN

Voordelen
- Als je goed voorbereid drie tot vijf gesprekken per week voert, gaat het netwerk ook voor jou werken en zul je veel sneller werk vinden.
- Je hebt al een voet tussen de deur, iemand steekt zijn nek voor je uit.
- Mensen willen graag helpen en vertellen.
- Netwerken geeft je inzicht welk andere oriëntatie-kanaal je het beste kunt gebruiken.
- Door actief te netwerken maak je de vacatures die niet zichtbaar zijn, zichtbaar.

Nadelen
- Een netwerk moet je opbouwen en blijven onderhouden.
- Het is geven en nemen.
- Om hulp vragen durft niet iedereen, je moet een 'drempel' over.
- Het kost tijd, moeite en inspanning.

REFERENTIE
Zet de naam van de persoon uit je netwerk in je sollicitatie-brief. Uiteraard in overleg.

Hoofdstuk 4

Vacaturesite

Mensen die werk zoeken doen dat vaak via vacaturesites. Dat is terecht, want op vacaturesites staan heel veel vacatures. Omdat er duizenden vacaturesites zijn, is het soms moeilijk je weg te vinden. Wij helpen je hierbij. Als je dit hoofdstuk gelezen hebt kun je vacaturesites vinden waar je echt wat aan hebt en en weet je deze sites goed in te zetten bij je zoektocht naar een baan.

Een vacaturesite is iets anders dan een recruitmentsite, daarvan is de werkgever zelf de eigenaar. Een andere (Engelse) naam voor een vacaturesite is: jobboard.

Zeven van de meest gebruikte en populairste vacaturesites in Nederland zijn:

- Indeed.nl
- Linkedin.com
- nationalevacaturebank.nl
- monsterboard.nl
- google.nl
- werk.nl
- randstad.nl

Dat grote vacaturesites als monsterboard.nl en werk.nl het meest gebruikt worden, betekent niet automatisch dat jij op één van deze sites jouw baan zult vinden. Het is voor iedereen weer anders welke vacaturesites voor je werken. Misschien vind jij je baan wel op een gespecialiseerde site voor jouw vakgebied, ook wel nichesite genoemd, of op de site van een uitzendbureau. Er zijn namelijk veel verschillende soorten vacaturesites.

Veelgemaakte fouten

1. Altijd op hetzelfde trefwoord of dezelfde functienaam zoeken.
2. Alleen op één vacaturesite of steeds dezelfde vacaturesites kijken.
3. Te gehaast werken en te weinig geduld hebben.

4.1   SOORTEN VACATURESITES

In Nederland zijn er meer dan duizend vacaturesites en meer dan tienduizend sites waar twee of meer verschillende werkgevers hun vacatures aanbieden. We verdelen ze onder in vier groepen:

1   De **grote algemene sites** zoals monsterboard.nl, nationalevacaturebank.nl en werk.nl.

2   **Nichesites.** Dit zijn websites rondom een thema. Bijvoorbeeld alle vacatures in een stad, regio, provincie, in een sector, vanaf een bepaald inkomen of rondom een beroepsgroep. Deze sites hebben dus al voorwerk gedaan. Zoek je naar een baan in Rotterdam, dan kijk je bijvoorbeeld op rotterdamvacaturebank.nl. Ben je hoger opgeleid dan is intermediair.nl een interessante site. Zoek je een baan in de bouw dan zou je kunnen kijken op allebouwvacatures.nl. Of in de zorg op zorgbanen.nl. Ben je een transfervrije voetballer dan is transfervrijevoetballers.nl interessant. Er zijn meer dan duizend nichesites waarvan er zeker een paar interessant voor je zijn en die aansluiten op jouw wensen, interesses, vaardigheden en diploma's.

3   **Job aggregators.** Een job aggregator is een soort Google, maar dan voor vacatures. Job aggregators geven een overzicht van alle vacatures en alle vacaturesites waarop ze in Nederland geplaatst zijn. De meest bekende zijn indeed.nl, jobrapido.nl en simplyhired.nl.

4   Sites van **uitzendbureaus, detacheerbureaus en werving- en selectiebureaus.** Ook hier geldt dat er algemene sites zijn, zoals randstad.nl, manpower.nl, yacht.nl of yer.nl én sterk gespecialiseerde sites in regio's, branches en beroepsgroepen. In de hoofdstukken 5, 7 en 19 lees je hier meer over.

4.2 HOE VIND JE DE JUISTE VACATURESITES?

1. Zoek via een job aggregator. In de 'wat' en 'waar' velden geef je je specifieke zoekopdracht. Via de zoekresultaten kun je de herkomst van de vacatures achterhalen. Vervolgens kun je naar deze websites toe gaan om te kijken of zij meer relevante vacatures voor jou hebben. Maak dan een lijst van de tien meest interessante vacaturesites.

2. Gebruik Google. Typ op Google het trefwoord in waarvan je de vacatures wilt zien en typ daarachter 'vacatures'. Je ziet dan een lijst met alle vacaturesites waar jij iets aan kunt hebben. Hoe je Google goed kunt gebruiken, lees je in hoofdstuk: Zoekmachine.

EEN GOEDE START

Gebruik bij de start van je zoektocht een of twee grote algemene sites, aangevuld met twee of drie nichesites. Om uit te vinden welke nichesites het beste bij jou passen, kun je op 'zoektocht' gaan met behulp van job aggregators als indeed.nl of jobrapido.nl.

OEFENING

Maak een lijst met woorden waarmee je gaat zoeken via een job aggregator. Bijvoorbeeld:
- Functiebenaming.
- Regio of stad.
- Opleiding die je hebt gevolgd.
- Sector of branche.
- Skills of competenties (bij skills kun je denken aan bepaalde certificaten of cursussen die je hebt gevolgd).
- Parttime of fulltime.

Gebruik de woorden die je hebt gevonden in combinatie met woorden als *banen* of *vacatures* of *werk* of *solliciteren*.

4.3 HOE WERKT EEN VACATURESITE?

Een goede voorbereiding is het halve werk. Als je een lijst hebt met de meest interessante vacaturesites, is het belangrijk dat je weet hoe je deze vacaturesites het beste kunt inzetten in jouw zoektocht naar een baan. Hoe krijg je de beste zoekresultaten? En welke functionaliteiten biedt de vacaturesite?

Functienaam
Jouw zoekopdracht is bepalend voor de resultaten die je krijgt en het succes dat je zult hebben met het vinden van de juiste baan. Je haalt de beste vacatures naar boven als je a) specifiek bent in de functie die je zoekt en b) die functie op de goede manier schrijft. Zoekmachines vinden precies wat jij vraagt.

Gebruik alternatieve functiebenamingen
Veel functies kennen verschillende functiebenamingen die een (soort)gelijke betekenis hebben. Zo wordt een kapper ook vaak een haarstylist genoemd en een secretaresse een officemanager. Dat betekent dat als je slechts op één functiebenaming zoekt, je veel vacatures mist, omdat er andere benamingen worden gebruikt.

Synoniemen of alternatieve functiebenamingen zijn:
- Functiebenamingen met een (soort)gelijke betekenis (bijvoorbeeld: inkoper en buyer).
- Functiebenamingen anders geschreven (bijvoorbeeld, inkoopadviseur en inkoop-adviseur).
- Sterk verwante functies (bijvoorbeeld inkoopadviseur en inkoper).
- Aanverwante beroepen (bijvoorbeeld inkoopadviseur en importeur).

FAVORIETENLIJST
Maak de vacaturesites waar je interesse in hebt 'favoriet'. Schrijf ze op of zet ze onder 'favorieten' in je webbrowser. Zo heb je altijd een lijst bij de hand met belangrijke sites die je twee tot drie keer per week checkt.

TIP
- Site op Bladwijzerbalk zetten
- Ga naar de gewenste website.
- Klik rechts in de adresbalk op het pictogram 'Bladwijzer instellen voor deze pagina'.
- Typ eventueel achter 'Naam' een andere naam.
- Klik op het menu achter 'Map'.
- Klik op Bladwijzerbalk.
- Klik op Gereed.

Je kunt functies op verschillende manieren intypen. Bijvoorbeeld inkoopadviseur of inkoop-adviseur. Je krijgt andere resultaten wanneer je dit los of met een verbindingsstreepje schrijft. Belangrijk is dus dat je op beide functiebenamingen zoekt, zodat je meer resultaten krijgt. Dus:

- Schrijf de functietitel foutloos.
- Zoek op alle varianten van de functietitel (met spatie, zonder spatie, met streepje, engelse vertaling etc.).
- Zoek op alle variaties van de functietitel, synoniemen kunnen je daar goed bij helpen.

Oefening:
Om alle vacatures te vinden waarop jij wilt solliciteren, maak je gebruik van synoniemen en alternatieve functie-benamingen van de functie die je zoekt. Maak een lijst met tien of vijftien synoniemen en voer deze in op de sites waarmee je werkt. Je zult zien dat je zo meer vacatures vindt.

Een baan vinden kost tijd en moeite. Als je gestructureerd en doelgericht aan de slag gaat zul je sneller die baan vinden. Dit vraagt om een goede voorbereiding en weten wat je zoekt. Kijk niet elke dag, maar op vaste tijden op vacaturesites en maak job alerts aan (zie hoofdstuk E-mail service / job alert).

TIPS OM MEER SYNONIEMEN TE VINDEN

- Kijk in vacatures waarop je hebt gesolliciteerd of wilt gaan solliciteren hoe ze jouw functie daar noemen.
- Kijk op synoniemen.net.
- Gebruik een andere manier van schrijven: (met spatie, zonder spatie, met streepje, engelse vertaling etc.).

Vergelijk het zoeken naar je baan op internet met het zoeken naar je droomhuis op Funda.nl. Je begint breed: *waar wil je wonen? Wat mag het kosten?* en je versmalt je wensen steeds verder: het soort woning, wel of geen tuin, zolder, extra slaap-kamer...
Specificeer je zoekopdracht zoveel mogelijk, maar laat geen kansen liggen door je te laten beperken door bijvoor-beeld regio, aantal uren dat je gaat werken, salarisindicatie. Zorg voor voldoende focus, zonder direct alles uit te sluiten.

Drie keer per week
Als je een lijst met interessante vacaturesites hebt opgesteld, is het goed om vaste dagen in te plannen dat je hier vacatures checkt. Elke dag kijken is zonde van je tijd en heeft weinig zin. Er staan niet elke dag heel veel nieuwe vacatures op en het kost veel tijd. Beter kun je drie keer per week kijken op:

* Maandag na 13.00 uur.
* Woensdag.
* Zaterdag of zondag.

Op maandag plaatsen bedrijven hun nieuwe vacatures. Op woensdag worden, na de eerste piek van maandag, ook weer nieuwe vacatures geplaatst. Sommige werkgevers zetten net voor het weekend nog nieuwe vacatures op hun site. Trek voldoende tijd uit om je lijst met favoriete sites rustig te bekijken. Maak ook een profiel en job alerts aan bij deze vacaturesites. Dan ontvang je direct de nieuwste vacatures in je mailbox. (zie ook hoofdstuk: E-mail service / job alert).

Geavanceerd zoeken/filter
Op bijna alle sites kun je via een 'snelzoekfunctie' met een functienaam of trefwoord honderden vacatures vinden. Belangrijker nog is de functie 'uitgebreid zoeken' of 'geavanceerd zoeken' of gebruik te maken van een filter.

Je verfijnt hiermee je zoekopdracht door in te vullen waar je wilt werken, hoe ver je wilt reizen (bv. alle banen binnen een straal van 15 kilometer), in welk functiegebied (bv. commercieel of creatief), je opleiding, je gewenste salaris, het aantal uren dat je wilt werken (voltijd/parttime), enzovoorts. Vink aan 'uitzendbureaus weglaten' als je alleen op sites van werkgevers terecht wilt komen. Hier kun je ook meerdere functiebenamingen invullen, bij 'met tenminste één van deze trefwoorden' zodat je direct het aantal vacatures vergroot. Zoek altijd op beide manieren (wat/waar en geavanceerd) om zoveel mogelijk passende vacatures naar boven te halen. Wees niet te kritisch, anders kun je zomaar een leuke vacature missen....

Zoekopdracht verfijnen
Het is goed om eerst breed te zoeken, door bijvoorbeeld alleen de functiebenamingen te gebruiken. Als je merkt dat het te weinig interessante vacatures oplevert of juist heel veel vacatures kun je je zoekopdracht verfijnen. Hoe doe je dat?

Pas op de vacaturesites je zoekcriteria aan: had je bijvoorbeeld aangevinkt '32-40 uur' bij uren, verander dat in '24-32', of had je bij salaris aangegeven '3500-5000', verander dit in '2500-3500'. Je ziet zo andere vacatures naar boven komen.

Mensenwerk
Bedenk dat achter al die vacaturesites mensen zitten die de vacatures plaatsen. Er kan dus wel eens iets misgaan. Een werkgever kan bijvoorbeeld zijn vacature plaatsen onder 'onderwijs/onderzoek' terwijl die had moeten staan onder 'onderzoek/wetenschap'.

OVERIG
Onderzoek altijd bij functie/specialisme ook de keuze 'overig'. Het kan verrassende vacatures opleveren.

Gebruik de extra hulp die vacaturesites aanbieden. Vaak hebben sites zoektips, carriere tips, een bedrijfspresentatie of bijvoorbeeld een vacature- of job alert waarbij je wekelijks alle nieuwste vacatures waar jij naar zoekt gemaild krijgt.

TIP
Laat gerust je cv achter op vacaturesites, ze zijn beveiligd en er wordt goed gelet op de privacy. Gewoon doen!

Een werkgever kan op zoek zijn naar iemand die 40 uur wil werken, terwijl jij op zoek bent naar een baan voor 36 uur. Als de vacature verder aan al je wensen voldoet, laat dan die 40 uur je niet tegenhouden. Een werkgever laat een droomwerknemer vast niet schieten op vier uur. Stel dat je wilt werken binnen een straal van 10 km rondom Eindhoven. Zoek dan ook op banen binnen 15 of 20 km van Eindhoven. Als een bedrijf op 11 km zit, mis je die vacature. Belangrijk is dus om te spelen met de zoekcriteria en nieuwsgierig te zijn. Neem de tijd om een site goed te leren kennen.

Profiel aanmaken
De vacaturesites bieden je de mogelijkheid om een eigen account aan te maken. Dat is zeker de moeite waard omdat je dan van alle functionaliteiten van de vacaturesite gebruik kunt maken. Zo kun je zoekopdrachten opslaan, zodat je niet elke keer opnieuw hoeft te zoeken. En je weet waar je al op hebt gezocht. Hier kun je ook vacature- of job alerts aanmaken, zodat je vacatures automatisch in je mail ontvangt. Daarnaast kun je ook vacatures bewaren en je cv uploaden zodat je gevonden wordt door werkgevers.

Curriculum vitae uploaden
Op veel vacaturesites kun je je cv achterlaten. Het is een kans om gevonden te worden door werkgevers (zie ook hoofdstuk: cv uploaden in een database). Doe dit op twee van de grote algemene sites (zoals Nationale Vacature-bank of indeed.nl) en op een nichesite. Dat zou voldoende moeten zijn omdat werkgevers meestal minimaal op één algemene site kijken. Zo werk je gerichter en weet je steeds waar je je cv hebt achtergelaten. Mocht je na een maand te weinig resultaat hebben, plaats je cv dan op een andere algemene site en een andere nichesite.
Als een werkgever zoekt naar cv's dan verschijnen de meest relevante en recente bovenaan. Daarom is het verstandig af en toe iets aan te passen in je cv en het opnieuw te uploaden, zodat de zoekmachine jouw cv weer als recent ziet.

4.4 VOORDELEN EN NADELEN VAN ZOEKEN OP VACATURESITES

Voordelen

- Vacaturesites worden door werkgevers en werkzoekenden het meest gebruikt.
- Er zijn vacatures te vinden voor werkzoekenden van alle opleidingsniveaus.
- Je kunt in je eigen tempo zoeken.
- Wanneer je dit kanaal goed gebruikt, heb je een grote kans om passende vacatures te vinden.
- Veel vacaturesites bieden je hulp bij het solliciteren.
- Je kunt er veel informatie vinden over werkgevers.
- Je kunt de sites gebruiken om te reageren op vacatures en bijvoorbeeld ook om een lijst te maken met favoriete werkgevers als je open sollicitaties wilt sturen.
- Werkgevers kunnen jou vinden.

Nadelen

- Door de vele vacaturesites bestaat het gevaar dat je jouw passende vacaturesite niet vindt.
- Je vindt geen passende vacatures als je dit kanaal niet op een goede manier gebruikt.
- Werkgevers gebruiken de sites soms verkeerd, maken fouten of gebruiken interne functienamen die niemand kent. Hierdoor komen hun passende vacatures toch niet bij jou terecht.
- Goed gebruik maken van vacaturesites is tijdrovend.
- Er zijn bedrijven die soms nepvacatures op sites plaatsen om sollicitanten te lokken.

INSTAGRAM
Veel vacaturesites zetten de vacatures ook op instragram. Volg ze als ze een account hebben. Wie weet kan je dan wel via insta een DM sturen.

Hoofdstuk 5

Uitzendbureau

Uitzendbureaus zijn interessant voor alle beroeps-groepen en voor bijna alle opleidingsniveaus. Ze hebben voor mensen met vmbo en mbo veel vacatures, maar ook voor starters (hoger opgeleide studenten) en herintreders (hbo-niveau). Voor ongeveer de helft van de uitzendkrachten is de uitzendbaan een opstap naar een vaste dienst-betrekking. Van de mensen die bij een uitzend-bureau staan ingeschreven vindt zestig procent uiteindelijk een baan. Het uitzendbureau is een goed en praktisch kanaal om een nieuwe baan te vinden.

Hoeveel uitzendbureaus er in Nederland zijn is niet precies te zeggen, maar het zijn er ongeveer 11.000. De grootste algemene uitzendbureaus in ons land zijn:

- Randstad.
- Tempo Team.
- Adecco.
- USG (o.a. Unique, Start People, Secretary Plus).

Je kunt op verschillende manieren bij een uitzendbureau terechtkomen:

- Bellen voor een afspraak.
- Binnenlopen (geniet bij veel uitzendbureau's niet de voorkeur).
- Inschrijven op de website.
- Het bureau belt jou, bijvoorbeeld omdat je cv op een jobboard staat (zie hoofdstuk: cv uploaden in databank vacaturesite).
- Via een banenbeurs.
- Via je netwerk.

Het **uitzendbureau** is een bemiddelaar tussen mensen die werk zoeken en aanbie-ders van werk/werkgevers. Het uitzendbureau regelt dat jij ergens (tijdelijk) aan de slag kunt gaan.

VEELGEMAAKTE FOUTEN
1 Onvoorbereid bij een uitzendbureau naar binnen stappen.
2 Het intakegesprek niet als een sollicitatiegesprek zien.
3 Je te goed voelen voor het uitzendbureau.

Schrijf je niet bij vijf uitzend-bureaus op één dag in. Je wilt fit en gemotiveerd blijven. Twee of hooguit drie uitzend-bureaus per dag is voldoende. Van te voren bellen voor een afspraak komt serieus en professioneel over.

5.1 SOORTEN UITZENDBUREAUS

Er zijn:
1 *Algemene uitzendbureaus* met allerlei verschillende vacatures.
2 *Gespecialiseerde uitzendbureaus:* denk aan bureaus in de bouwsector, zorg of horeca. Ook zijn er bureaus die zich richten op groepen mensen, zoals 50+ bureaus en studentenbureaus.

Op uitzendbureau-gids.nl vind je een overzicht van uitzendbureaus in Nederland. Op uitzendbureau.nl vind je vacatures van alle uitzendbureaus in Nederland.

ONBETROUWBARE UITZENDBUREAUS
Blijf weg van bureaus die onderbetalen en niet verzekerd zijn. Een veilig uitzendbureau heeft een eigen website en is lid van de ABU of NBBU, de brancheverenigingen voor uitzendbureaus. Dit laatste moet op hun website staan.

5.2 HOE VIND JE DE JUISTE UITZENDBUREAUS?

Uitzendbureaus vind je via internet of de telefoongids.nl. Uitzendbureaus zitten vaak in de stad, in winkelstraten of op industrieterreinen. Bij de meeste bureaus moet je van te voren een afspraak maken.

Lijstje maken
Om de juiste uitzendbureaus te vinden moet je bewust op zoek gaan naar de bureaus die iets voor je kunnen betekenen.

Naam uitzendbureau	Telefoonnummer	Contactpersoon
1	....	....
2	....	....
3	....	....

Een goede eerste stap is om je online in te schrijven bij twee of drie algemene uitzendbureaus, zoals TempoTeam, Randstad of Start People. Met inschrijven bedoelen we dat je je cv uploadt in de database van het uitzendbureau.

Ga op zoek naar - als ze er voor jouw werk zijn - gespecialiseerde bureaus. Kijk op internet, bijvoorbeeld op uitzendbureau-gids.nl welke gespecialiseerde uitzendbureaus er zijn voor het werk dat je zoekt (bouw, techniek, horeca), voor de branche en/of regio waarin je zoekt of voor de doelgroep waartoe je behoort (student, hoger/midden/lager opgeleid, vrouw, vaders, 40+/50+/65+ en starter). Als deze gespecialiseerde uitzendbureaus voor interessante werkgevers werken of passende vacatures hebben, weet je dat je goed zit. Stel ook de vraag aan de mensen in je netwerk met wie ze goede ervaringen hebben.

Lijst compleet maken
Je lijst bestaat altijd uit meerdere uitzendbureaus: algemene en gespecialiseerde. Naast zelf zoeken, kun je aan bekenden vragen wat zij goede bureaus vinden. Kijk dan weer op de websites van die bureaus om te zien welke vacatures ze hebben en of die bij je passen. Kijk ook bij bureaus in de etalage naar het soort vacatures dat ze hebben.

Maak zo je lijst compleet met alle uitzendbureaus bij jou in de buurt. Daarna vul je jouw gegevens in op het online inschrijfformulier via de website. Bel na een dag het uitzendbureau op en vraag of ze je gegevens hebben ontvangen. Zorg wel voor een goed en vindbaar cv, zie hoofdstuk: Maak een goed en vindbaar cv. Probeer in dat telefoongesprek een afspraak te maken zodat je nader kan kennismaken met het uitzendbureau en de intercedent.

Lijst verversen
Je merkt snel dat niet alle gekozen bureaus passende vacatures voor je hebben. Als de bureaus op je lijst na een paar weken geen resultaat opleveren, vul hen dan aan met andere algemene of gespecialiseerde bureaus.

Alleen inschrijven via de website van een uitzendbureau werkt niet zo goed, intercedenten onthouden je beter als ze je gezien en gesproken hebben. Zorg dat je uitgenodigd wordt na je online inschrijving.

STAD OF DORP
Woon je in de stad dan is het gemakkelijk om bij meerdere uitzendbureaus binnen te lopen. In een dorp heb je misschien geen, één of een paar uitzendbureaus; loop bij allemaal binnen en ga ook langs bij uitzendbureaus in de omliggende gemeenten. Ieder uitzendbureau heeft ook unieke vacatures. Ga naar de dichtstbijzijnde stad of steden en schrijf je ook daar in bij enkele uitzendbureaus.

5.3 HOE WERKT EEN UITZENDBUREAU?

Het belangrijkste onderdeel van solliciteren via het uitzendbureau is je voorbereiding.

Wanneer je na inschrijving uitgenodigd wordt voor een gesprek, is dat ook een sollicitatiegesprek. Wie onvoorbereid een bureau binnenloopt, staat al meteen met 3-0 achter.

WEES VOORBEREID

- Kleed je netjes, zoals je bij een sollicitatiegesprek zou doen.
- Draag nette (gepoetste) schoenen.
- Als je piercings hebt, doe ze uit.
- Als je tatoeages hebt, bedek ze waar het kan.
- Zorg dat je schone nagels hebt.
- Voor mannen: scheer je of trim je baard/snor als je die hebt.
- Kom op tijd (vijf minuten te vroeg) als je een afspraak hebt.
- Draag geen pet.
- Heb geen kauwgom in je mond.
- Zet je mobiel uit.
- Zet je koptelefoon af.
- Haal je zonnebril uit je haren.
- Weet met wie je de afspraak hebt.
- Zoek van te voren uit hoe je bij het uitzendbureau komt en hoe lang je daarover doet.
- Neem je cv, diploma's en schriftelijke referenties mee. Een referentie is de naam van een contact(persoon) bij een eerdere werkgever of school. Je toekomstige werkgever kan daar navraag doen.
- Neem een schriftje of kladblok en pen mee zodat je de tips en adviezen die je krijgt kunt opschrijven.
- Neem het telefoonnummer mee van het uitzendbureau zodat je ze kunt bellen als je te laat dreigt te komen (file, autopech, niet kunnen vinden, etc.).

JE KOMT HET UITZENDBUREAU BINNEN

- Stel je netjes voor.
- Zeg: *'Ik wil me graag inschrijven'* of *'Ik zoek een baan voor de functie van'*.
- Ga goed rechtop zitten tegenover de intercedent.
- Kijk de intercedent aan als je iets zegt of als hij/zij iets vraagt.
- Geef duidelijke en eerlijke antwoorden op de vragen die de intercedent stelt.
- Maak afspraken met de intercedent over contactmomenten: wie belt wie en hoe vaak bellen we elkaar?
- Als de intercedent geen passende vacatures heeft of denkt te kunnen vinden, vraag dan bij welke bureaus je het kunt proberen en of hij/zij nog andere tips voor je heeft.

Proces na jouw online inschrijving
De medewerker van het uitzendbureau (de intercedent, consulent, relatiebeheerder) wil weten wie je bent en wat voor werk je zoekt. Hij/zij zal je uitnodigen voor een gesprek als hij/zij verwacht een (tijdelijke) baan voor je kunnen vinden. Hij/zij bespreekt met jou het volgende:

1 Je cv.
2 Waar ben je naar op zoek?
3 Wat vind je belangrijk: hoeveel uur wil je werken, in welke plaats, zoek je tijdelijk of vast werk, enzovoorts.

Het is belangrijk dat je flexibel bent in bijvoorbeeld werktijden, uren, reizen en salarisindicatie. Jij wilt tenslotte beginnen met een (nieuwe) baan.

Bij een passende vacature stelt de intercedent je voor bij het bedrijf. Neemt het bedrijf jou aan, dan ben je vanaf dat moment officieel een uitzendkracht. Tussen de uitzendkracht en het uitzendbureau ontstaat een uitzendovereenkomst. Je salaris krijg je dan ook via het uitzendbureau. Soms word je niet eerst voorgesteld bij een bedrijf, dan begin je direct. Dit is meestal bij dagjeswerk of productiewerk.

Een 'klik' met je intercedent is erg belangrijk. Hij of zij zoekt voor jou naar werk en moet goed weten wat jij wilt en hoe flexibel je bent (in uren, soort werk etc.). Hij of zij moet het jou ook gunnen. Merk je dat die 'klik' er niet is, bijvoorbeeld omdat de intercedent je niet goed begrijpt of niet erg zijn best voor je doet, bespreek het of vraag (de volgende keer) om een andere intercedent.

Je kunt ook gedetacheerd worden door het uitzend-bureau. Een uitzendbureau gaat over tot detacheren als jij je voor langere tijd wilt binden aan een bedrijf. Het gaat bijvoorbeeld om opdrachten waar een uitgebreide inwerk-tijd voor nodig is, als het belangrijk is dat het werkproces goed doorloopt, wanneer er schaarste is op de arbeids-markt of als de opdrachtgever zelf geen mogelijkheden ziet om jou een vast dienstverband te geven.

Het belangrijkste verschil tussen uitzenden en detacheren is dat bij detacheren de arbeidsovereenkomst tussen het uitzendbureau en jou (de uitzendkracht) doorloopt, ook als de opdracht (het werk) beëindigd is. Je wordt dan door-betaald, ook al werk je niet. Daarom zal een uitzendbureau proberen zo snel mogelijk nieuw werk voor je te vinden.

Werken via een uitzend-bureau is een hele goede manier om van tijdelijk werk naar vast werk te gaan.

Wat ook kan, is dat je via het uitzendbureau een baan vindt bij een bedrijf dat je direct in dienst wil nemen. Het bedrijf betaalt dan het uitzendbureau een vergoeding.

Financieel
Het uitzendbureau wordt betaald door de werkgever waar jij voor gaat werken. Het uitzendbureau verdient aan jou door je uursalaris dat ze aan de werkgever in rekening brengen iets hoger te maken dan het uursalaris dat jij krijgt uitbetaald. Dit heet de marge. Jij krijgt betaald voor het aantal uren dat je werkt. De werkgever krijgt daar de factuur voor. Als je niet werkt krijg je niet betaald.

Het uitzendbureau verrekent in je uursalaris ook wat er afgedragen moet worden aan de overheid, vakantiegeld en soms aan de opbouw van een pensioen. Het uitzend-bureau krijgt voor haar diensten betaald via de marge en spreekt met de werkgever af voor welke periode. Soms kun je wel zes maanden via het uitzendbureau werken, voordat je in dienst kunt bij de werkgever omdat dit zo afgesproken is. Vaak kan het sneller gaan, dat ligt aan de afspraken tussen het bedrijf waarvoor je gaat werken en het uitzendbureau.

Als je stopt bij het uitzendbureau (omdat je misschien in dienst bent gegaan bij de werkgever) maken ze een eindafrekening voor je. Je krijgt dan in een keer het potje/ restant overgemaakt dat je hebt opgebouwd voor vakantiegeld en vakantiedagen. Hoe langer je via het uitzendbureau hebt gewerkt, hoe groter dat potje is.

5.4   VOORDELEN EN NADELEN VAN SOLLICITEREN VIA HET UITZENDBUREAU

Voordelen
- Het uitzendbureau helpt je bij het vinden van een (tijdelijke) baan, heeft veel en goede contacten met bedrijven in de regio en legt het eerste contact met een werkgever.
- Het kan snel gaan, soms word je dezelfde dag nog gebeld dat je ergens op gesprek mag komen of (bij tijdelijk werk) dat je de volgende dag kunt beginnen.
- De werkgevers waar het uitzendbureau vacatures van heeft zijn vaak in de buurt.
- Je zit nergens aan vast en kunt dus gemakkelijker dan bij een contract bespreekbaar maken dat je wellicht niet op je plek zit (probeer niet te stoppen maar het te bespreken).
- Je krijgt snel en wekelijks betaald.

Nadelen
- Soms moet je werken onder je niveau.
- Ze bieden vaak tijdelijk werk, terwijl je een vaste baan zoekt.
- Je hebt minder zekerheid dan bij een vaste baan, werkgevers kunnen je sneller ontslaan of stoppen met de opdracht.
- Er wordt veel flexibiliteit van je verwacht.
- Je kunt bij sommige uitzendbureau's helemaal niet meer binnenlopen, daar accepteren ze alleen jouw online inschrijving.

FLEXKRACHT
Tegenwoordig worden uitzendkrachten meestal flexkrachten genoemd. Dat klinkt iets vriendelijker en dekt de lading beter dan uitzendkracht: je bent als flexkracht heel flexibel. De meeste uitzendbureaus vinden het belangrijk om goed contact te hebben met hun flexwerkers en komen dan ook regelmatig bij de werkgever kijken hoe het gaat of organiseren borrels in de vestiging.

Zeg ook 'ja' tegen tijdelijk werk onder je niveau of werk dat je niet heel leuk vindt. Je doet werkervaring op, kunt bij een bedrijf binnen kijken en je intercedent doet waarschijnlijk meer zijn best voor je volgende baan. Daarbij ontmoet je nieuwe mensen. Werken, zelfs onder je niveau, staat veel beter op je cv dan niet werken.

HERINTREDERS TIP
Herintreders denken vaak niet aan het uitzendbureau als ze gaan solliciteren. Ze denken: 'Dat is voor jongeren' of 'dat is alleen voor tijdelijk werk'. Juist voor deze groep zijn er goede kansen om via het uitzendbureau of via tijdelijk werk naar vast werk te gaan. Werkgevers lopen minder risico als ze via het uitzend-bureau een veertig- of vijftig- plusser aannemen en zullen dat dus sneller doen. Er zijn voldoende uitzend-bureaus voor herintreders. Schrijf je daar in. Voorbeelden zijn: 50pluswerkt.nl, ervaring.nl, ervarenjaren.nl, oudvit.nl.

5.5 JE STAAT INGESCHREVEN EN DAN...

Ga niet afwachten tot je een keer gebeld wordt. Het allerbelangrijkste om succes te hebben is om 'bovenop de stapel' te liggen. Houd met twee of drie bureaus wekelijks contact (mail, bel of ga langs), zonder dat de intercedent je irritant vindt. Zorg dat je in de gedachten van de inter-cedent blijft. Laat zien dat je graag werk wilt en er veel moeite voor doet. Als een uitzendbureau te weinig voor je doet of na een maand geen passende vacatures heeft, schrap dit dan van je lijst en probeer een nieuw uitzendbureau.

Houd rekening met het feit dat een intercedent onverwachts kan bellen met een uitnodiging voor een sollicitatiegesprek. Komt het voorgestelde tijdstip van de sollicitatie niet gelegen, stel dan een andere tijd voor.

Hoofdstuk 6

Open sollicitatie

Met een open sollicitatie reageer je niet op een advertentie of een openstaande vacature. Je solliciteert omdat je graag bij een bedrijf of organisatie wilt werken. Het lijkt misschien zoeken naar een speld in een hooiberg om op deze manier aan een baan te komen, maar een open sollicitatie kan een sterk wapen zijn. Zeker als je het goed aanpakt. Uit onderzoek van Sollicitatiedokter.nl blijkt dat ongeveer een van elke twaalf mensen een baan bij de organisatie vindt na een open sollicitatie.

Een sollicitatie versturen aan een bedrijf of organisatie waar ze op dit moment geen relevante vacatures hebben is een **open sollicitatie**.

6.1 SOORTEN OPEN SOLLICITATIES

Er zijn verschillende manieren waarop je te werk kunt gaan:

1 Schrijf een brief met je motivatie.
2 Meld je aan voor een job alert bij het bedrijf waar je wilt werken.
3 Bel het bedrijf voor mogelijkheden en stel je vragen.
4 Vul het inschrijfformulier in op de website van het bedrijf.
5 Gebruik je netwerk (zeg wat je zoekt, geef je cv mee).

6.2 HOE WERKT DE OPEN SOLLICITATIE HET BESTE?

Weet waar je gaat solliciteren
Voor open sollicitaties geldt: hoe concreter hoe beter. Bel vooraf op, stuur je brief naar een bepaalde afdeling en achterhaal, bijvoorbeeld via LinkedIn, aan wie je de brief het beste kunt richten.

Functie
Denk na over wat voor functie je zoekt en bekijk welke namen deze functie heeft in diverse branches en bij de bedrijven waar je wilt werken. Dat kan verschillen. Een 'tekstschrijver' heet in de reclamewereld bijvoorbeeld een 'copywriter'.

VEELGEMAAKTE FOUTEN
1 Een standaardbrief sturen zonder een naam in de aanhef.
2 Interesse tonen in een functie die niet bij het bedrijf bestaat.
3 Niet nabellen.

TIP

Vraag niet niet naar een baan als je belt maar zeg dat je je aan het oriënteren bent. Vraag of je eens zou kunnen sparren over mogelijkheden binnen de organisatie.

Motivatie

Leg de nadruk op je motivatie waarom jij specifiek bij dat bedrijf wilt werken.

Interessante bedrijven

Zoek uit bij welke bedrijven je zou willen werken en zorg dat je veel van ze te weten komt. Bekijk websites, bestaande vacatures en bijvoorbeeld jaarverslagen. Die laatste kun je vaak ook terugvinden op de website. Ook kun je open dagen van bedrijven bezoeken en nagaan welke functies ze hebben.

LinkedIn

Kijk op LinkedIn om te zien of er mensen vertrekken bij het bedrijf waar jij wilt werken. Op afdelingen waar verloop is, liggen kansen. Ook kun je een beeld krijgen van het soort functies dat er bij het bedrijf is en het soort mensen dat er werkt.

Niet gebeld is niet gesolliciteerd

Bel het bedrijf waar je wilt werken. Vraag of het bedrijf open sollicitaties op prijs stelt. Zo ja, omschrijf dan het soort werk dat je zou willen doen. Vraag naar de naam van de persoon aan wie je je brief kunt sturen (vergeet niet voorletters, titels en afdelingsnaam te vragen). Sommige bedrijven zullen vragen om je motivatiebrief. Dat is eigenlijk hetzelfde als een open sollicitatiebrief. Soms kun je voordat je een brief schrijft, al een persoon van de afdeling waar jij wilt werken telefonisch benaderen. Vraag veel informatie en luister goed. Misschien worden er al functienamen genoemd die bij jou passen.
Zie hoofdstuk: Bedrijf binnenlopen / bedrijf bellen

Netwerken

Je netwerk inzetten kan goed werken bij open sollicitaties. Je kunt bijvoorbeeld mensen uit je netwerk vragen om je 'open sollicitatie' op het bureau te leggen van de afdelingsmanager of de recruiter van het bedrijf waar je graag wilt werken. Het is brutaal, maar waarom een kans laten liggen als je die baan graag wilt hebben? Ook helpt het als je naam binnen het bedrijf al genoemd is, of als je via een kennis of vriend ergens binnenkomt. Zorg dat de personen in je netwerk weten wat voor soort baan je zoekt. En ken je iemand bij een bedrijf, probeer dan zoveel mogelijk informatie te krijgen. Vermeld de betreffende persoon uit je netwerk altijd in je brief, uiteraard in overleg. Je brief zal meer aandacht krijgen, want werkgevers vervullen vacatures graag via-via.

Brief sturen

Schrijf je brief en stuur of mail die aan de opgegeven persoon (meestal is dat een manager, recruiter of iemand van HR). Refereer aan het telefoongesprek dat je eerder hebt gehad. Als er functienamen zijn genoemd, schrijf je brief dan in de richting van die functies. Geef aan wat je komt brengen en waarom je bij dit bedrijf wilt werken. Vermeld in je brief dat je over enkele dagen zult nabellen. Zorg dat de brief netjes en overzichtelijk is, en niet langer dan één A4-tje.

Nabellen

Bel ongeveer een week nadat je je brief hebt verstuurd nog eens na om te vragen of je brief ontvangen is. Mocht hij onder op een stapel terecht zijn gekomen, dan breng je hem op die manier nog een keer onder de aandacht. Dring niet te veel aan want laat niet merken dat je wanhopig bent.

Op een sollicitatiebrief met als briefhoofd: "Geachte heer/mevrouw", volgt bijna standaard een afwijzing. Weet wie je aanschrijft!

ONDERSCHEIDEND VERMOGEN

Het is belangrijk om je open sollicitatie onder de aandacht te brengen. Als je dit op een leuke of creatieve manier doet valt dat extra op. Kijk wel uit dat je niet doorslaat, gebruik iets wat bij het bedrijf past. Bijvoorbeeld een sollicitatie in de vorm van een PowerPoint presentatie of een collage springt eruit. Denk ook eens aan een motivatie per video onverwachts toe te voegen. Je kunt ook je open sollicitatie bij een bedrijf langs gaan brengen. Ook erg leuk: iemand solliciteerde bij een kledingzaak door een mini-spijkerbroekje op te sturen met in de achterzak zijn cv.

6.3 VOORDELEN EN NADELEN VAN EEN OPEN SOLLICITATIE

Voordelen

- Je kunt veel sollicitaties in een keer doen en meerdere per dag.
- Je kunt zonder dat er vacatures zijn jezelf in de kijker spelen bij een bedrijf.
- Als je op het juiste moment solliciteert ben je de grote 'meute' voor.
- Als je via je netwerk een open sollicitatie verstuurt, heb je meer kans op succes. Werkgevers vervullen functies het liefst 'via-via'.
- Je toont initiatief en kunt de concurrentie net een stapje voor zijn.

Nadelen

- Je solliciteert niet gericht, dit verkleint je kans op succes.
- Veel bedrijven zijn (nog) niet ingericht op open sollicitaties.
- Het is tijdrovend en de uitkomst is onzeker.
- Online registreren op een wervingssite is niet echt een succesvolle manier van open solliciteren.
- Je moet ook geluk hebben door op het juiste moment op de juiste plek te zijn.

10 TIPS VOOR EEN OPEN SOLLICITATIE

1 **Benader bedrijven waar je echt interesse in hebt.**
Wanneer je open sollicitaties gaat versturen ligt het natuurlijk voor de hand om dat alleen te doen bij bedrijven waar je echt interesse in hebt.

2 **Verdiep je goed in elke organisatie.**
Je hebt waarschijnlijk al een positief beeld van een bepaald bedrijf waarbij je wilt solliciteren. Maar steek ook altijd de nodige tijd in de website. Die informatie kun je hopelijk ook gebruiken in je brief om deze nog doelgerichter en persoonlijker te maken.

3 **Stuur niet teveel brieven tegelijk.**
Verstuur dus het liefst maximaal twee tot drie open sollicitaties per keer waar je extra veel tijd en energie in kunt stoppen.

4 **Zoek de juiste persoon om je brief aan te sturen.**
Bij een bestaande vacature staat altijd vermeld aan welke persoon je jouw brief moet richten, maar bij een open sollicitatie weet je dat niet. Zoek dus uit aan wie je de open sollicitatie het beste kunt richten.

5 **Doe informatie op in je omgeving.**
Je eigen netwerk is een krachtig hulpmiddel bij het vinden van een nieuwe baan. Informeer dus gerust bij je kennissen, vrienden, familie en ex-collega's of ze nog een leuk bedrijf kennen dat interesse zou kunnen hebben in iemand met jouw kwaliteiten.

6 **Benoem enkele van je meest positieve eigenschappen.**
Arrogantie is nooit een fijne eigenschap, maar je mag in een open sollicitatie natuurlijk wel je best doen om jezelf in een positief daglicht te zetten.

7 **Vertel waar je toe in staat bent.**
Probeer met zo concreet mogelijke voorbeelden aan te geven wat je kan en waarom jij van meerwaarde zou zijn voor het bedrijf. Dat doe je bijvoorbeeld door wat te vertellen over projecten uit het recente verleden.

8 **Verstuur je open sollicitatie per brief.**
Omdat je niet op een specifieke vacature reageert weet je waarschijnlijk ook niet of je het beste digitaal of met een klassieke brief kunt solliciteren. Daarom is het verstandig standaard terug te vallen op de klassieke sollicitatiebrief die je per post verstuurt.

9 **Laat ook nog telefonisch van je horen.**
Het is altijd een goed idee om ongeveer een week nadat je de open sollicitatie hebt verstuurd ook nog even telefonisch contact op te nemen met de ontvanger. Je kunt dan informeren of de brief goed is aangekomen en of er nog vragen zijn.

10 **Geef niet te snel op.**
Bij open sollicitaties krijg je gemiddeld helaas wat minder respons dan bij een normale sollicitatie. Het is daarom altijd zaak om je niet te snel uit het veld te laten slaan wanneer je niet de positieve reacties krijgt waar je op hoopte. Uiteindelijk is het vaak de aanhouder die wint!

Hoofdstuk 7

Werving- en selectiebureau

Het werving- en selectiebureau kun je zien als een banenmakelaar. Zoals een huizenmakelaar toegang heeft tot jouw droomhuis door zijn netwerk en ervaring, heeft het werving- en selectiebureau toegang tot je (droom)baan. Aan jou de taak om een aantal van deze makelaars te vinden op de arbeidsmarkt. Dat kun je gemakkelijk doen via vacaturesites, kranten, startpagina.nl, Google, social media en je eigen netwerk.

Moeilijker is het om de bureaus te vinden die bij je passen. En nog moeilijker is het om bij de juiste bureaus aan tafel te komen. Hoe onderscheid je de goede bureaus van de 'cowboys' en 'cv-schuivers' (zo maar jouw cv bij een werkgever neerleggen zonder dat jij er vanaf weet)? Wanneer ben je interessant voor een recruiter? Hoe pak je je moment? En hoe zorg je ervoor dat het niet bij een moment blijft?

Wat het uitzendbureau is voor vmbo'ers, mbo'ers en starters, is het werving- en selectiebureau voor hbo'ers, wo'ers en hoger opgeleiden met vaak ruime ervaring. Er zijn ruim drieduizend werving- en selectiebureaus in Nederland. Bekende zijn:

- YER (yer.nl)
- Michael Page (michaelpage.nl)
- Mercuri Urval (mercuriurval.com)
- Brunel (brunel.nl)
- Experis (experis.nl)
- Ebbinge (ebbinge.com)

Bij de meeste bureaus heten recruiters 'consultants'. Soms is er een functioneel onderscheid tussen een recruiter of sourcer en een consultant. De recruiter is dan degene die kandidaten werft en telefonisch spreekt. De consultant heeft klantcontact, doet de selectie en besluit wie er bij een klant wordt voorgesteld.

Werving en selectie - ook recruitment genoemd-, verwijst naar het proces van aantrekken, selecteren en aanstellen van geschikte kandidaten voor een (vaste) baan of tijdelijk werk. Een **werving- en selectiebureau** is een organisatie die dit doet.

VEELGEMAAKTE FOUTEN

1 Je inschrijven en verwachten dat ze meteen voor je aan de slag gaan.
2 Je onvoldoende inleven in de consultant en het belang van de consultant.
3 Toelaten dat ze je niet netjes en gelijkwaardig behandelen.

7.1 SOORTEN WERVING- EN SELECTIEBUREAUS

We onderscheiden verschillende soorten werving- en selectiebureaus:

1 Grote algemene werving- en selectiebureaus.
2 Headhunters (voor werknemers die € 100.000+ per jaar verdienen).
3 Executive search (voor werknemers die tussen € 70.000 - € 150.000 per jaar verdienen).
4 Internationale werving- en selectiebureaus.
5 Regionale werving- en selectiebureaus.
6 Gespecialiseerde werving- en selectiebureaus: gericht op een branche, zoals ICT, Finance, HR, Technisch, Medisch, Zorg of Banking.
7 Sourcers: bureaus gespecialiseerd in het vinden van geschikte kandidaten (op het internet).
8 Detacheringbureaus: ze nemen mensen in dienst en lenen die uit bij werkgevers.

7.2 HOE VIND JE HET JUISTE WERVING- EN SELECTIEBUREAU?

Er zijn acht soorten werving- en selectiebureaus en meer dan drieduizend verschillende bureaus in ons land. In tegenstelling tot een uitzendbureau kun je niet zomaar bij een werving- en selectiebureau binnenlopen om te kijken of het bij je past. Het is daarom belangrijk de tijd te nemen om te onderzoeken welke bureaus voor jou interessant zijn.

Begin op allewervingenselectiebureaus.nl
Begin je zoektocht op allewervingenselectiebureaus.nl, werving-selectie.startpagina.nl of werving-en-selectie-bureau.nl. Kijk ook op vacaturesites als indeed.nl en monsterboard.nl. Op deze websites vind je bureaus die bijvoorbeeld gespecialiseerd zijn in de sector/branche

waarin je wilt werken, de regio waar je zoekt of vacatures aanbieden die jou aanspreken.

Bekijk zoveel mogelijk de websites van deze werving- en selectiebureaus en check op de volgende punten:

- Is het bureau gespecialiseerd? Hoe gespecialiseerder hoe beter, denk aan hun netwerk.
- Hebben ze actuele en interessante vacatures?
- Hebben ze aansprekende opdrachtgevers?
- Wat schrijven opdrachtgevers en kandidaten over de consultants op forums en blogs?
- Als je zoekt via Google, wat vind je dan over hun reputatie?
- Komen ze geloofwaardig en betrouwbaar over?
- Werken er meerdere consultants?
- Bestaan ze al langere tijd?
- Willen ze eerst met je in gesprek voordat ze jouw cv doorsturen naar een werkgever?
- Werken er ervaren consultants op jouw niveau en met voldoende vakkennis?

Maak nu een lijst met minimaal twintig interessante bureaus, zie de voorbeeldlijst hieronder. Voeg de websites van de bureaus toe aan je favorieten.

Interessante werving- en selectiebureaus

Website	Aantal actuele vacatures	Aantal interessante werkgevers	Specialiteit in	Regio	Indruk	Interessant
bureau1.nl	4	Meerdere, o.a.				ja
bureau2.nl	3					ja
bureau3.nl	0	onduidelijk				nee
bureau4.nl	1	2, namelijk Shell en DSM	Chemisch	Nederland	Bureau dat bestaat uit 1 persoon	misschien
bureau5.nl	2					nee

7.3   IN CONTACT KOMEN MET EEN BUREAU

Je hebt de juiste bureaus gevonden. Hoe ga je verder?
De twee belangrijkste manieren om met een bureau in
contact te komen, zijn:

1   Je online inschrijven bij het bureau nadat je ze gebeld
    hebt. Wanneer je je 'zomaar' inschrijft is de kans dat je
    uitgenodigd wordt klein. Bel eerst het bureau en ga het
    gesprek aan met de consultant. Verderop lees je hoe
    je dit goed kunt doen.

2   Reageren op een vacature die het bureau heeft
    geplaatst. Je komt in de poule van die vacature en
    onder de aandacht van de consultant.

Ons advies: doe het allebei!

Inschrijven
Schrijf je in bij minimaal tien bureaus van je favorietenlijst.
Laat je cv achter en houd hun websites actief in de gaten,
door ze minimaal één keer per week te bezoeken. Maak
als het kan een job alert aan (zie hoofdstuk: E-mail
service / job alert), dat scheelt je tijd. Wanneer je na een
paar weken niets hoort, kies dan nieuwe bureaus.

Op werving-selectie.start-
pagina.nl vind je veel
aanverwante startpagina's
met mogelijk interessante
bureaus.

Welke consultant?
Om erachter te komen wie je het beste kunt spreken, kun
je een aantal dingen doen:

*   Kijk bij de vacature welke consultant deze beheert en
    check hem of haar op LinkedIn.
*   Kijk op de website van het werving- en selectiebureau
    en probeer te achterhalen welke consultant voor
    welk soort functies kandidaten zoekt.

- Bel die consultant en ga het gesprek aan. Refereer aan punten de je al van deze consultant weet. Een consultant vleien in dit stadium kan zeer effectief zijn.
- Kan de consultant niets voor je doen, vraag dan bij wie je wel kans maakt of welke tip hij of zij heeft voor jou.

Bellen
Ga je een werving- en selectiebureau bellen, doe dat dan voorbereid:

- Ga op een rustige plek zitten.
- Schrijf van te voren op met wie je wilt praten en wat je doel is, bijvoorbeeld: *Ik wil een afspraak maken* of *Ik wil vertellen waarom ik interessant voor jullie ben.*
- Reageer je op een vacature, bedenk dan vragen die ertoe doen als: *Aan wie rapporteer ik? Welke verant-woordelijkheden heb ik? Waarom is de functie vacant? Wanneer ben je succesvol in deze functie? Welke arbeidsvoorwaarden gelden er? Kan je iets vertellen over de sfeer en de cultuur binnen het bedrijf?*
- Wees open en verkoop jezelf, benoem ervaring en resultaten.

Zie hoofdstuk: Bedrijf bellen/bedrijf binnenlopen voor meer beltips.

7.4   HOE WERKT EEN WERVING- EN SELECTIEBUREAU?

Het gaat die consultant om jou, maar minstens zo belangrijk is de afweging of je bemiddelbaar bent, of de consultant je kan plaatsen en daarmee zijn fee kan verdienen.

Een consultant bellen is sterker dan mailen. Probeer een afspraak te maken of in ieder geval je cv onder zijn aandacht te krijgen. Je moet goed kunnen vertellen waarom jij relevant voor hem bent. Je inleven in het belang van de consultant is dus erg belangrijk. Probeer telefonisch al een gunfactor te creëren.

Je bent interessant voor een consultant of recruiter als je werkt in de sector waarvoor hij werft, of bij een werkgever die aansprekend is, of misschien bij een belangrijke concurrent van een van zijn klanten. Je bent nog interessanter als je in die sector jarenlange werkervaring hebt en goede resultaten hebt behaald. Benadruk dit in je cv of een gesprek, het maakt je meer bemiddelbaar.

MOMENTUM
Je hebt flink je best gedaan en bij meerdere bureaus gesolliciteerd. Een recruiter belt je op naar aanleiding van je cv en vraagt: 'Schikt het dat ik bel?' Durf dan te zeggen: 'Mag ik je over vijf minuten terugbellen?' Laat je niet overrompelen. Het komt professioneel over als je ergens rustig gaat zitten, je cv en vragen bij de hand hebt, gecheckt hebt met welk bureau je het gesprek aangaat en om welke functie het gaat.

Een werving- en selectiebureau verdient gemiddeld twintig procent van jouw jaarsalaris als ze je kunnen plaatsen bij een werkgever.

Gebeld worden
Gebeld worden is gescreend worden. Een goed bureau reageert door jou eerst te bellen en een telefonische pre screening te houden; tijd is kostbaar. Als je gebeld wordt voor een gesprek voor het maken van een afspraak, vraag dan even tijd zodat je al je spullen erbij kunt pakken (cv, vragenlijst) en een rustig plekje kunt zoeken. Dit is belangrijk om succesvol door de pre screening te komen. Na deze pre screening kan de consultant je uitnodigen, in file houden of afwijzen. Het is dus een verkapt eerste sollicitatiegesprek. Word je uitgenodigd en ben je door de eerste selectie van de consultant heen gekomen, dan volgt mogelijk een assessment en/of een gesprek bij het bureau.

Curriculum Vitae
Het is goed om je cv aan te passen aan het bureau of de consultant waarmee je een gesprek wilt hebben. Vooral bij de op branche en functie gespecialiseerde bureaus heeft dit zin. Je cv kan voor negentig procent standaard zijn en voor tien procent toegeschreven naar de branche en/of functie. Kies daarbij woorden die relevant zijn en vermeld voor die branche of functie je belangrijkste resultaten. Aanpassen betekent niet dat je liegt. Je legt andere accenten op datgene wat je hebt gedaan. *Lieg nooit in je cv!* Let op: je cv moet in lijn zijn met je Linkedin profiel, dit wordt echt door consultants gecheckt. Er zijn specificeerde bureau's die cv's checken, bijvoorbeeld eenstreepjevoor.nl

Probeer niet teveel vanuit 'ik' te denken maar meer vanuit 'wat vindt de recruiter belangrijk'. Hij zoekt een match met de baan en het bedrijf. Als jij je cv en je gesprekken daarop afstemt maak je veel meer kans.

VRAGEN STELLEN AAN DE RECRUITER MAG... NEE, MOET!

De recruiter wil je voorstellen aan een werkgever. Wat zijn je vragen?

- Waar let het bedrijf op?
- Wat vinden ze belangrijk bij een kandidaat?
- Waarom werk jij graag als recruiter voor dit bedrijf?
- Hoe kunnen we dit samen tot een succes maken?
- Waarom heb je me voorgesteld?

Als je afgewezen bent:

- Waarom ben ik afgewezen?
- Wat kan ik volgende keer beter doen?
- Hoe kan ik mijn cv verbeteren?
- Hoe kan ik mijn houding tijdens een sollicitatiegesprek verbeteren?
- Heb je nog tips voor mij?
- Welk soort bedrijf past volgens jou bij mij?
- Voor welke bedrijven bemiddel je nog meer?

Als je wordt afgewezen voor een vacature, betekent dit niet dat je niet opnieuw kunt solliciteren op een vacature van dat bureau. Zie elke nieuwe vacature als een nieuwe start. Dat geldt ook voor het bureau: in een andere vacature pas je misschien wel.

Ga er nooit zomaar vanuit dat ze je cv blijven bekijken voor nieuwe vacatures. Houd je cv onder de aandacht.

Cowboys
Heb je ergens te lang moeten wachten, verliep het gesprek eenzijdig, deed de consultant neerbuigend? Soms moet je duidelijk laten merken dat je het ergens niet mee eens bent. Als dat gebeurt, beëindig het gesprek en ga weg. Je verdient een gelijkwaardige behandeling. Zeg dat je niet verder wilt (of mail het als je thuis bent), vraag of ze je gegevens willen vernietigen en zeg dat je daar graag een bevestiging van wilt.

Juist omdat er zoveel werving- en selectiebureaus zijn, is het goed om het kaf van het koren te scheiden. Wil je mede-sollicitanten helpen in hun zoektocht, meld het dan als je ergens onbehoorlijk behandeld wordt. Geef je mening op internet, bijvoorbeeld op glassdoor.nl.

TIPS, TIPS EN NOG EENS TIPS

- Vraag om een afspraakbevestiging.
- Ga op tijd van huis en ben ruim op tijd.
- Bereid je voor (minimaal tien vragen waarvan je er misschien drie kunt stellen).
- Durf het gesprek te beëindigen als je er een slecht gevoel bij hebt.
- Vraag altijd om tips.
- Weet waarom je daar zit.
- Focus op je doel.
- Zit gelijkwaardig aan tafel (je komt wat halen maar ook wat brengen).
- Kijk op de website van het bureau naar de kledingstijl van de medewerkers (formeel met stropdas of meer informeel) en pas je kleding daarop aan.
- Maak vervolgafspraken (concreet, wat ga je met mijn cv doen?).
- Je hoeft niet te vertellen waar je nog meer hebt gesolliciteerd.
- Bel na, de consultant weet dan ook hoe gemotiveerd je bent.

Assessment

Er zijn bureau's die geïnteresseerd zijn in je persoon-lijkheid, motivatie, waarden en ambities. Ze maken dan vooraf al gebruik van een assessment. In een assessment worden kwaliteiten en ontwikkelpunten beoordeeld in het licht van de specifieke functie waarop je wilt solliciteren. De uitslag van het assessment wordt altijd persoonlijk met je gedeeld. Het kan zelfs zijn dat je eerst een pro assessment moet doen alvorens ze met je in gesprek gaan. Daarin maken ze dan al een eerste selectie van de kandidaten die interesse hebben.

7.5 VOORDELEN EN NADELEN VAN SOLLICITEREN VIA EEN WERVING- EN SELECTIEBUREAU

Voordelen

- Als het klikt tussen jou en de recruiter kan hij de klant overtuigen je aan te nemen en je te helpen bij de te voeren sollicitatiegesprekken.
- Als je uitgenodigd wordt krijg je een professionele intake waar je veel van kunt leren; dit verhoogt je kans op succes bij verder solliciteren.
- Een goede consultant is een professional met een groot netwerk aan opdrachtgevers en is in staat jou te verkopen aan die opdrachtgever.

Nadelen

- Sollicitatietrajecten duren soms langer.
- Je praat in eerste instantie met een tussenschakel en niet met de werkgever zelf, je mist het bedrijfsgevoel.
- Er zijn veel onbetrouwbare bureaus.

Bekijk je netwerk, ken je misschien een recruiter? Vraag rond in je netwerk of anderen een recruiter kennen. Start je zoektocht met deze persoon. Hij of zij kan je mogelijk verder helpen, meer tips geven of introduceren bij collega-recruiters.

Hoofdstuk 8

Bedrijf binnenlopen / bedrijf bellen

Trek de stoute schoenen aan. 'Nee' heb je, 'ja' kun je krijgen. No guts, no glory. Tja, het klinkt misschien afgezaagd, maar vaak is het een kwestie van lef om naar een bedrijf te bellen of ergens binnen te stappen. Het is een onverwachte en zeer persoonlijke manier van solliciteren. Daardoor kun je er net uitspringen voor een werkgever. Belangrijk, we kunnen het niet vaak genoeg zeggen, is dat je je goed voorbereidt voordat je belt of binnenloopt.

8.1 HOE WERKT BINNENLOPEN BIJ EEN BEDRIJF?

Voordat je een bedrijf waar je graag wilt werken binnen-loopt, moet je goed nadenken over het volgende:

- Wat wil ik bereiken?
- Wie wil ik spreken?
- Wanneer ben ik tevreden als ik wegga?
- Hoe zorg ik voor een vervolgactie?
- Hoe en bij wie laat ik mijn cv achter?

Langs de receptie
De eerste persoon die je treft in het bedrijf is vaak de re-ceptionist. Ga een gesprek met hem of haar aan, waarin je kort uitlegt wat je komt doen en vraagt wie je verder kan helpen. Als de recruiter, HR adviseur of leidinggevende op dat moment geen tijd heeft, probeer dan zijn e-mailadres of telefoonnummer te krijgen om zo op een later moment in contact te komen.

In gesprek
De volgende stap is dat je even kort mag spreken met een persoon van de organisatie.

- Zorg er voor dat je weet wat je moet zeggen.
- Dank ze voor hun tijd.

VEELGEMAAKTE FOUTEN
1 Bellen of binnenlopen en niet weten wie je wilt spreken (naam of functie) of wat je moet zeggen.
2 In discussie gaan als een medewerker van het bedrijf je niet wilt/kan helpen.
3 Zonder vervolgactie weggaan.

Een vervolgactie kan zijn: een afspraak met, bellen en/of je cv mailen naar een recruiter of leidinggevende.

Let er op dat je: netjes gekleed bent, er verzorgd uit ziet, geen kauwgom in je mond hebt, je mobiel hebt uitgezet en zelfverzekerd overkomt.

Loop nooit bij een bedrijf binnen onder lunchtijd of rond vijf uur.

- Vertel dat je wilt werken voor deze organisatie en waarom.
- Probeer in twee minuten jezelf te 'verkopen' (Elevator pitch, zie hoofdstuk: Netwerk of op www.sollicitatiedokter.nl voor meer tips).
- Vraag of je een afspraak mag maken voor een kennismaking.
- Wees erop voorbereid dat je misschien meteen wordt uitgenodigd voor de kennismaking.

Wanneer is een bezoek een succes?
Als je met een baan naar buiten loopt, maar die kans is kleiner dan één procent. Het is belangrijk om ook kleine successen te zien als een eerste stap naar die nieuwe baan. Een lange wandeltocht begint altijd met een eerste stap.

Deze stappen kunnen zijn:
- Weten wie je moet spreken/bellen.
- Een telefonische afspraak maken.
- Je cv achterlaten bij de juiste persoon.
- Weten wanneer je het beste terug kunt komen (nieuwe afspraak).
- Kopje koffie en een prettig gesprek.

8.2 VOORDELEN EN NADELEN VAN BINNENLOPEN BIJ EEN BEDRIJF

Voordelen
- Je krijgt een indruk van het bedrijf en hoe ze met je omgaan.
- Je kunt verassend zijn en daardoor ver komen.
- Je kunt op het goede moment komen als het bedrijf net een vacature heeft die bij jou past.
- Je kunt jezelf onderscheiden door langs te gaan, zo krijgt het bedrijf van jou ook een (goede) eerste indruk.
- Misschien heb je je open sollicitatie persoonlijk over- handigd, dan ligt deze wel mooi bovenop de stapel.

Nadelen
- Je kunt ongelegen komen. De persoon die je zoekt is niet beschikbaar (niet aanwezig/in gesprek).
- Je kunt direct weggestuurd worden.
- Je moet een beetje lef hebben om binnen te lopen.
- Je moet alsnog online solliciteren.

Je mag de receptionist altijd vragen om extra tips, zodat je de volgende keer als je bij een ander bedrijf binnenloopt meer (of ander) succes hebt.

8.3 HOE WERKT EEN BEDRIJF BELLEN?

Voorbereiding
Je hebt je lijst met favoriete bedrijven voor je neus liggen en draait het eerste nummer... nee, wacht even, eerst zorg je voor de juiste situatie om succesvol te bellen, namelijk:
- Een stille ruimte.
- Pen en papier.
- De lijst met vragen en kwaliteiten van jezelf.
- Even diep ademhalen.

Vragen die je kunt stellen zijn:
- Bel ik gelegen? Ik ben me namelijk aan het oriënteren op de arbeidsmarkt.
- Hebben jullie op dit moment vacatures voor (noem je functie die je wenst)?
- Wat kunt u vertellen over de cultuur in de organisatie?
- Wat voor soort collega's werken er op de afdeling?
- Wat zijn projecten waar de afdeling op dit moment aan werkt?
- Kunt u iets meer vertellen over de klanten/ opdrachtgevers?
- Hoe kan ik het beste mijn cv onder uw aandacht brengen of hoe kan ik het beste solliciteren?
- Als er geen vacatures zijn, vraag of de vacatures die je zoekt wel eens voorkomen.
- Mag ik een afspraak maken voor een oriënterend gesprek of om eens te sparren met elkaar?
- Mag ik mijn cv sturen zodat ik in ieder geval bekend ben bij uw bedrijf?
- Zijn er meeloopstages?
- Hoe vullen jullie normaal een vacature in?

TIPS

- Houd gesprekken kort, zakelijk en plezierig. Een bedrijf bellen is een eerste indruk achterlaten. Zorg dat die eerste indruk goed is.
- Oefen je gesprek altijd en veelvuldig met vrienden en bekenden.
- Als je meerdere bedrijven gaat bellen, bel dan eerst de bedrijven die niet bovenaan je voorkeurslijstje staan zodat je meer gevoel krijgt bij het voeren van telefoongesprekken.
- Stel geen vragen over arbeidsvoorwaarden of over dingen die op de website staan.

Als je niet gelegen belt
Veel vaker dan je lief is, bel je ongelegen of krijg je een voicemail. Wanneer je ongelegen belt, vraag je wanneer je het beste terug kunt bellen. Probeer dan een tijd af te spreken en het nummer waarop je deze persoon het beste kunt bellen. Een reactie kan zijn: 'Wanneer je me tegen 17:00 uur belt, dan zit ik in de auto en kan ik gemakkelijk even met je praten.' Houd je altijd aan deze vervolg-afspraak. Het is namelijk een afspraak. Mocht je onverhoopt niet kunnen of het niet redden, informeer je contactpersoon dan met een sms, mail of per telefoon.

Als je een voicemail krijgt
- Introduceer jezelf.
- Spreek in wat je wilt vragen (schrijf dit van te voren op als je dat prettiger vindt).
- Zeg dat je later terugbelt (noem het tijdstip).
- Doe dit ook op het genoemde tijdstip.
- Houd het binnen dertig seconden.
- Spreek een voicemail nooit vaker dan twee keer in, en laat er minimaal twee dagen tussen zitten.

Rechtstreeks contact
Je kijkt nog even op de klok en ziet dat het 11.00 uur is. Mooi, want alleen tussen 9.00-12.00 uur en tussen 14.00-16.00 uur heb je de beste kans. Wat doe je:

- Je spreekt duidelijk en correct en vraagt of je een paar minuten van zijn/haar tijd mag hebben omdat je je aan het oriënteren bent op de arbeidsmarkt.

- Je zegt wie je bent en waarom je belt (pak je lijst met
  vragen en kwaliteiten erbij).
- Je vraagt wie jou kan helpen.
- Je stelt de vragen die je wilt stellen.
- Je rondt het gesprek netjes af, bedankt diegene
  voor zijn of haar tijd.
- Later bedank je diegene nogmaals per e-mail en
  stuurt meteen je cv mee.

MEER BELTIPS
- Probeer goed te luisteren.
- Gebruik tussenwoordjes, bijvoorbeeld ja, hm, mooi, ten teken
  dat je luistert.
- Wees beleefd en enthousiast.
- Stel vragen over iets wat de ander vertelt.
- Schrijf meteen de naam op van degene die je spreekt. Daar kun je dan
  later je brief aan richten.
- Schrijf mee met de antwoorden op de vragen die je stelt.
- Herhaal de eventuele afspraken en sluit netjes af.

8.4 VOORDELEN EN NADELEN VAN
EEN BEDRIJF BELLEN

Voordelen
- Als je goed bent voorbereid, kun je bellen als jij er
  klaar voor bent.
- Het kan snel gaan en kost weinig tijd.
- Het kan klikken waardoor je je kans op succes
  vergroot.
- Voor commerciële en communicatieve functies,
  is bellen vaak een pré.

Nadelen
- Je krijgt de juiste persoon niet gemakkelijk te pakken.
- Als je niet goed uit je woorden komt kan dat de deur
  direct voor je sluiten.
- Niet teruggebeld worden voelt als een afwijzing
  (maar is dat zeker niet).

Hoofdstuk 9

CV uploaden in databank vacaturesite

Uploading CV ...

74%

Je wilt gevonden worden door werkgevers dus je zet je cv online. Om je kansen te vergroten dat werkgevers jou vinden, geven we je in dit hoofdstuk extra tips en trucs over bijvoorbeeld de belangrijke introductieregel, hoe je vindbaar blijft en hoe werkgevers zoeken.

9.1   HOE WERKT EEN CV UPLOADEN?

Bij vacaturesites, job aggregators (soort google voor vacaturesites) zoals indeed.nl, uitzendbureaus, werving- en selectiebureaus en veel werkgevers kun je je cv op een afgeschermd gedeelte van de site zetten door je cv te uploaden. Op de sites staat, soms met handige tips, hoe je je cv erop kunt zetten. Vaak kun je een Wordbestand of PDF uploaden (voorkeur) en meestal moet je velden invullen. Het is een tijdrovende klus en tegelijkertijd een hele belangrijke opdracht.

CV plaatsen
Maak je cv aan in Word en let op het volgende:

- Zorg dat je cv compleet is (recruiters balen van cv's zonder telefoonnummer).
- Zet in je cv wat je zoekt.
- Zet je beschikbaarheid erin, dus per wanneer je aan de slag kunt en voor hoeveel dagen.
- Maak een kopregel (bovenaan je cv) waar je in een paar woorden jezelf neerzet; bijvoorbeeld 'communicatieprofessional met schrijftalent' samen met de ambitie die je hebt.
- Gebruik woorden waarop recruiters zoeken (vindbaarheid), zoals opleidingsniveau, functie, functiegebieden, behaalde certificaten en namen van (oud-)werkgevers en opdrachtgevers en competenties en gebruik woorden uit de vacaturetekst voor herkenbaarheid en vindbaarheid.

VEELGEMAAKTE FOUTEN
1 Een verouderd cv, fouten in je cv, een onvolledig cv.
2 Te weinig inloggen op de vacaturesite waarop je cv staat.
3 Een nietszeggende introductieregel en niet de woorden gebruiken waarop recruiters zoeken.

Bij veel vacaturesites moet je een 'introductieregel' invullen. Gebruik hiervoor je kopregel uit je cv en vul dit aan met:
- Hoeveel uur je minimaal beschikbaar bent.
- In welke omgeving je wilt werken, zoals regio Leeuwarden.
- Je hoogst voltooide opleiding en werkniveau.
- Aantal jaren werkervaring.

Bijvoorbeeld: communicatie-professional met schrijftalent, 32 uur, omgeving Utrecht, WO, vijf jaar werkervaring.

Veel werkgevers zoeken bijvoorbeeld op mensen die 36 uur of meer beschikbaar zijn. Zorg dat je terugkomt in deze zoekopdrachten, ook al wil je liever 32 uur werken (of ben je 32 uur beschikbaar). In een gesprek kun je altijd nog kijken of je er samen uitkomt. Als jij de ideale kandidaat bent, laten ze je niet lopen om die vier uur.

Het is heel belangrijk dat je de introductieregel goed invult. Werkgevers en recruiters lezen niet een heel cv op internet door. Je introductieregel is de eerste indruk die ze van je krijgen en het resultaat van hun zoekopdracht. Als deze matcht met de vacature gaan ze pas de rest van je cv bekijken. Zie hoofdstuk: Maak een goed en vindbaar cv.

Velden invullen
Als je je cv uploadt moet je bij het invullen van de velden de waarheid invullen, maar zeker ook woorden gebruiken waarop werkgevers jou zoeken, zoals:

- Vwo in plaats van Voortgezet Wetenschappelijk Onderwijs.
- Vmbo-techniek in plaats van vmbo-t.
- Administratief medewerker (in plaats van een interne functienaam die niemand kent).

Geef ook aan dat je flexibel bent en het geen probleem vindt om te reizen. Beperk je vindbaarheid niet en kies meerdere opties, bijvoorbeeld bij de vragen die gaan over:

- Beroeps- en functiegebieden.
- Branchevoorkeur.
- Aantal uur bereid te werken.
- Reisbereidheid.
- Salarisindicatie.
- Flexibele werktijden.

Wanneer je minder opties kiest (bijvoorbeeld alleen 24-28 uur beschikbaar), word je minder vaak gevonden.

Je wilt niet dat elke werkgever je cv ziet
Je kunt vaak aangeven welke werkgevers wel of niet je cv mogen zien. Ook kun je anoniem je cv uploaden of alleen bepaalde mensen toegang geven tot jouw contact-gegevens. Onze ervaring is dat je best je gegevens neer kunt zetten als je echt op zoek bent naar een baan.

Wat is er nu mooier dan gebeld worden voor een interessante baan? En loopt het storm met veel reacties van werkgevers, dan kun je altijd weer je cv 'offline' zetten.

Bovenaan blijven
Belangrijk is dat je cv zeker gevonden wordt op de site van monsterboard.nl of nationalevacaturebank.nl, eventueel aangevuld met andere (voor jou relevante) sites. Verander elke week iets in je cv: in je profiel, in je hobby's, een extra competentie (iets wat je goed kunt). Je komt dan weer bovenaan de lijst te staan van interessante werknemers, die zichtbaar is voor werkgevers.

TIPS

- Let op de hoeveelheid tekst die in een introductieregel mag staan (ongeveer 4 zinnen) en stem je tekst daarop af (niet te kort, niet te lang).
- Als je met je ge-uploade cv hebt gesolliciteerd bij een werkgever, bel dan na of je cv goed is aangekomen (meestal krijg je ook automatisch een ontvangstbevestiging per mail).
- Soms is even inloggen al genoeg om weer bovenaan de lijst van zoekopdrachten te komen. Je kunt ook een woord veranderen. Zo wordt je cv als actueel gezien.

Hoe zoekt de werkgever?
Een werkgever zoekt op zoekwoorden/trefwoorden in je cv. Dit zijn woorden die de vacature of functie karakteriseren. Denk daaraan als je je cv maakt, zodat je de belangrijkste woorden die in een vacaturetekst staan ook gebruikt in je cv. Je kunt dit gemakkelijk oplossen door onderaan je cv, bijvoorbeeld in de voettekst, herkenbare woorden te zetten, zoals de verschillende functietitels waarvoor je beschikbaar bent. Je moet gevonden worden!

9.2 VOORDELEN EN NADELEN VAN CV UPLOADEN

Voordelen

- Je bent voor werkgevers dag en nacht vindbaar.
- Je kunt op een jobboard aanvinken dat je onzichtbaar wilt zijn voor je huidige werkgever (als je nog even niet wilt vertellen dat je aan het solliciteren bent).
- Je kunt anoniem je cv op een jobboard plaatsen. Je ziet dan snel of werkgevers interesse in jouw profiel hebben.
- Het is een gemakkelijke manier om te solliciteren: zo kun je met je ge-uploade cv vaak gemakkelijk via de site solliciteren.
- Je kunt je cv regelmatig updaten, zodat je weer in zoekopdrachten van werkgevers terugkomt.

Nadelen

- Werkgevers kunnen je bellen met oninteressante functies.
- Als je cv niet goed is, word je niet, of door de verkeerde werkgevers gebeld.
- Veel uitzend- en werving- en selectiebureaus gebruiken cv databases en kunnen je cv doorzetten aan een werkgever zonder jou te informeren (de cv-schuiver).

50+ TIP
Zet gewoon je geboorte-datum op je cv. Werkgevers weten door je werkervaring en wanneer je naar school bent geweest, toch je leeftijd. Verbloemen heeft geen zin. Je legt er juist extra nadruk op. Natuurlijk kan je eens proberen te variëren. Soms met je geboortedatum en soms niet je geboortedatum op je cv. Kijk dan wat voor jou het beste werkt.

Schrijf je cv niet 'ik-gericht' maar 'u-gericht'. De werk-gever staat voorop. Door in te zoomen op de werkgever heb je meer kans op een match.

Hoofdstuk 10

Social media

Social media zijn niet meer weg te denken uit onze samenleving. Ze zijn zeer geschikt om interessante bedrijven in de gaten te houden en om jezelf in de kijker te spelen. In dit hoofdstuk lees je hoe je social media goed gebruikt en hoe je via sociale netwerken als LinkedIn, Facebook en Twitter je netwerk kunt onderhouden en vergroten.

De bekendste social media zijn:

 • Facebook
 • LinkedIn
 • Twitter
 • Instagram
 • YouTube
 • Pinterest
 • Google+
 • Tweakers

Daarvan zijn binnen social media LinkedIn en Facebook de meest gebruikte kanalen om een baan te zoeken:

• linkedIn.com	**31%**
• facebook.com	**8%**

10.1 SOORTEN SOCIAL MEDIA

Social media werden eerst voornamelijk gebruikt voor persoonlijke doeleinden, om op de hoogte te blijven van familie en vrienden. Toch blijken het de laatste jaren ook goede kanalen voor je carrière. Elk sociaal medium heeft zijn eigen functie, doelgroep en regels.

VEELGEMAAKTE FOUTEN

1 Denken dat het aanmaken van een profiel op social media voldoende is om een baan te vinden.
2 Social media vooral gebruiken om je eigen boodschap uit te dragen.
3 Negatieve berichten plaatsen.

TIP
Zet social media als app op je mobiele telefoon. Zo heb je jouw social media altijd bij de hand.

Het is belangrijk om te weten welk kanaal je voor welk doel kunt inzetten:

1 Social media voor privédoeleinden.
2 Social media met een zakelijk karakter.

De meeste social media zijn niet gericht op de arbeidsmarkt maar worden wel door werkgevers gebruikt om te kijken wie je bent en wat je doet. Vaak checken werkgevers en recruiters profielen van sollicitanten via Google, op LinkedIn en Facebook.

10.2 HOE WERKEN SOCIAL MEDIA?

Als je een baan zoekt kunnen social media je op drie manieren helpen:

1 Je kunt gevonden worden door werkgevers.
2 Je kunt zelf vacatures en werkgevers zoeken.
3 Je kunt van jezelf een merk maken, in het engels: 'branden'. Hiermee bedoelen we dat je goed kunt laten zien wie je bent, wat je doet en wat je zoekt; je 'personal brand' is heel belangrijk op social media.

We gaan nu iets dieper in op de drie belangrijkste social media, te weten Facebook, Twitter en LinkedIn en geven tips hoe je ze het beste kunt gebruiken.

Zorg dat je op een goede manier zichtbaar en vindbaar bent op social media. Dus zet bijvoorbeeld geen foto's op je Instagram of Facebook waar je dronken opstaat. Zorg ervoor dat anderen dat ook niet doen. De eerste ontslagen zijn al gevallen na negatieve uitlatingen over de werkgever.

LinkedIn

LinkedIn is bij uitstek geschikt voor zakelijke doeleinden. Volgens sommigen is het zelfs een must bij solliciteren.

- Zorg dat je profiel goed en volledig is ingevuld (werkervaring, opleidingen, vrijwilligerswerk).
- Vul altijd een huidige werkgever in ook al ben je aan het solliciteren, schrijf dan op : "Beschikbaar", "in between jobs", "werkzoekend" met je eigen "functienaam" erbij.
- Plaats regelmatig je contactgegevens (minimaal 06-nummer en emailadres) actuele status updates om zichtbaar te blijven. Deel bijvoorbeeld interessante artikelen uit jouw vakgebied of vertel je netwerk dat je op een interessant congres bent geweest.
- Het oog wil ook wat. Maak een mooie achtergrond op je profiel. Wellicht kan je met een mooie foto laten zien waar je goed in bent.
- Voeg regelmatig nieuwe contacten toe. Stuur hen wel altijd een persoonlijke uitnodiging. Zo weet iemand waarom je wilt linken en het is het begin van een gesprek. (dat misschien wel tot een netwerkgesprek leidt...)
- Zorg dat je goed vindbaar bent door het gebruik van de juiste zoektermen. Dit zijn bijvoorbeeld termen die in jouw vakgebied veel gebruikt worden. Als online marketeer zijn dat bijvoorbeeld: social media, content management en Google analytics.
- Volg bedrijfspagina's. Zo laat je zien dat je interesse hebt in het bedrijf.
- Gebruik LinkedIn ook om te zoeken naar vacatures.
- Check minimaal twee keer per week wie jouw profiel bekeken heeft. Kijk vooral ook op hun profiel als die persoon mogelijk interessant voor jou is.
- Zorg voor aanbevelingen en voor, zoals LinkedIn ze noemt, 'onderschrijvingen' van de mensen met wie je hebt samengewerkt. Je kunt dit zien als een referentie, zoals die op je cv wordt geplaatst.

PERSONAL BRAND
Dankzij social media kun je overal zichtbaar zijn. De keerzijde is dat je op moet letten wat je online zet, omdat dit voor iedereen te zien is. En als iets eenmaal op internet staat, is het lastig dit ervan af te halen. Zorg dat je jezelf op een goede, positieve manier profileert.

Hoe beter je profiel op LinkedIn is ingevuld, hoe vaker je interessante vacatures bij je profiel ziet en je meer gevonden wordt.

- Wees je ervan bewust dat werkgevers dit platform gebruiken om mensen te checken en cv's te bekijken.
- Reageer eens op een blog of vraag van iemand. Speel jezelf zo in de kijker en laat zien dat jij je vak verstaat.

Facebook

Facebook heeft vaak een privé karakter, maar wordt door werkgevers veelvuldig gebruikt om hun doelgroep te bereiken. Bedrijven plaatsen er vacatures of berichten over hun organisatie. Zo krijg je een "kijkje in de keuken".

- Maak je Facebookprofiel sollicitatieproof: Bekijk je profiel zoals een ander het ziet.
- Zoek werkgevers. Je kunt werkgevers zoeken als je weet hoe deze organisaties heten, maar je kunt bijvoorbeeld ook in de zoekbalk 'werken bij' of 'vacatures' intypen.
- Stel vragen en geef 'likes' bij werkgevers die je interessant vindt.
- Word 'fan' van bedrijven waar je wilt werken.
- Ga deze bedrijven volgen.
- Laat je netwerk weten dat je een baan zoekt. Dit kun je bijvoorbeeld toevoegen aan je naam/profiel of door af en toe een status update te plaatsen.

EFFECTIEF

Facebook kan heel effectief zijn. Zo plaatste een secretaresse van 58 jaar het bericht op Facebook dat ze een baan zocht. Binnen een week had ze tien vacatures en drie weken later een baan. Dat is de kracht van social media.

10.3 DOE HET GOED OF DOE HET NIET

Denk goed na of je social media wilt inzetten in je zoektocht naar een baan. Het kost veel tijd en energie om het goed te gebruiken. Denk voor je begint goed na over het beeld dat je van jezelf wilt neerzetten, je personal brand: wat post je en hoe vul je jouw profiel in. Een slecht profiel, domme of negatieve teksten kunnen je je toekomstige baan kosten. Als iets online staat is het lastig dit er weer af te krijgen. Zorg dus voor voldoende positiviteit. Kies welke social media het beste bij jou passen, je hoeft niet op alle kanalen zichtbaar te zijn.

ZESTIEN TIPS OM ZICHTBAAR EN VINDBAAR TE ZIJN

1 Denk na over wat je wilt uitstralen: welk beeld wil je dat mensen van je krijgen?

2 Zorg voor consistentie: zorg dat je op alle social media die je gebruikt hetzelfde beeld van jezelf neerzet. Gebruik overal dezelfde profielfoto.

3 Zorg voor een nette, zakelijke en recente profielfoto. Denk goed na over wat je met je foto wilt uitstralen (tip: vraag aan anderen welke indruk ze krijgen van jouw foto).

4 Laat in de tekst onder je naam woorden terugkomen waarop je gevonden wilt worden, zoals de functie die je zoekt, computerprogramma's die je beheerst, kennis, ervaring en competenties die je hebt en vakdisciplines die je beheerst.

5 Houd je profiel actueel door bijvoorbeeld regelmatig een update te plaatsen, nieuwe connecties toe te voegen of een presentatie van jezelf te maken.

6 Word lid van interessante LinkedIn en Facebook groepen, en volg interessante Instragram accounts; dit laat zien wat jij interessant vindt en geeft kleur aan wie je bent.

7 Zorg dat je LinkedIn netwerk met minimaal 15 personen per week groeit.

8 Volg relevante mensen: relevante mensen werken bijvoorbeeld in een functie of branche waarin je geïnteresseerd bent of kennen mensen die voor jou interessant zijn.

9 Vraag om referenties, testimonials en likes. Doe dit zelf uiteraard ook voor een ander.

10 Wees zichtbaar op fora en in groepen door bijvoorbeeld mensen te complimenteren of positief te reageren op een geplaatst stukje en/of een dialoog aan te gaan.

11 Zoek de dialoog op met mensen die online interessante discussies starten. Een dialoog kan een reactie zijn, maar ook een like of RT (retweet).

12 Schrijf zelf een blog, bijvoorbeeld over de laatste ontwikkelingen in je vak of over het belang van het vrijwilligerswerk dat je doet.

13 Reageer op tweets en statusupdates van anderen.

14 Geef mensen complimenten.

15 Pas af en toe iets aan aan je LinkedIn profiel. Zo kom je weer voorbij op de tijdlijn van je netwerk en speel je jezelf weer in de kijker.

16 Kijk eens op het LinkedIn profiel van anderen. Zij kunnen jou via 'wie heeft jouw profiel bekeken' zien. Als jouw foto en titel hen aanspreekt zullen ze vast terug kijken. Dan heb je een mooie aanleiding om contact te leggen.

Als je wilt dat social media voor je werken dan moet je er zeker 6 tot 9 maanden actief op zijn, minstens LinkedIn gebruiken en er een kwartier tot half uur per dag aan besteden. Zoek zelf op social media naar communities, bedrijven en vakgenoten die passen bij het beeld dat je wilt uitstralen. Je zult zien dat je online netwerk groeit en voor je gaat werken als je er gedurende een langere periode tijd in hebt gestoken. Zorg dat je de functionaliteiten van de social media kent en weet hoe ze jouw kansen op een baan vergroten.

10.4 INSTAGRAM

Hoe kan je instagram inzetten voor het zoeken naar een nieuwe baan of om je te laten vinden door bedrijven omdat jij relevante foto's post?

- Maak een zakelijke bio van jezelf.
- Plaats foto's van bedrijven waar je hebt gewerkt. Wat kan je laten zien wat je daar hebt gedaan?
- Doe je een beroep waarbij je een portfolio kunt aanleggen, zoals kapper of grafisch vormgever? Dan is Instagram een ideaal middel om werk van jezelf te promoten.
- Heb je beelden van jezelf aan het werk? Dan kun je die ook plaatsen.
- Volg bedrijven en organisaties waar je graag zou willen werken en reageer op hun posts.
- Verspreid content die raakvlakken heeft met je werk of drijfveren.
- Geef tips aan je volgers op jouw vakgebied

ZICHTBAAR = VINDBAAR

TIP VOOR HOGER OPGELEIDEN
Gebruik in ieder geval LinkedIn. Als je als hoger opgeleide niet op LinkedIn te vinden bent loop je het risico dat werkgevers of recruiters denken dat er iets mis met je is.

10.4 SOLLICITEREN VIA WHATSAPP

Vandaag de dag is de app Whatsapp de meest gebruikte app in Nederland. Steeds vaker gebruiken werkgevers whatsapp om hun vacatures te vervullen. Maar ook jij kan er gebruik van maken door op een laagdrempelige manier een filmpje van jezelf te sturen naar een recruiter of een bedrijf. Het voelt en is wat laagdrempeliger en je hebt sneller met iemand contact. Zo laat je meteen zien dat je enthousiast en representatief bent. Vergeet niet jezelf voor te stellen, te vertellen wat jouw sterke punten zijn én waarom je op deze functie solliciteert. Een filmpje van een minuut is lang genoeg voor je sollicitatie via Whatsapp.

Voorbeelden:
Bij de Action kan je via whatsapp solliciteren. Vul je tele-foonnummer in op de website (actionbijbaan.nl) dan krijg je via Whatsapp een aantal vragen die je kan beantwoorden om zo te solliciteren. Zo gepiept.

Ook bij Neomax kan je via whatsapp solliciteren, wel als je via je telefoon contact met ze zoekt.

10.6 VOORDELEN EN NADELEN VAN ZOEKEN VIA SOCIAL MEDIA

Voordelen
- Een prima kanaal om jezelf in beeld te brengen, en jezelf vindbaar te maken.
- Het is gratis en altijd toegankelijk.
- Het biedt unieke mogelijkheden om te netwerken.
- Het is gemakkelijk om contact te maken met mensen die je niet kent, door gewoon een persoonlijk bericht te sturen.
- Je kan het 24x7 doen wanneer jij er tijd voor hebt.

Nadelen
- Het duurt vaak langer voor dit kanaal succesvol is en het kost veel tijd.
- Alles wat je plaatst heeft invloed op het beeld dat mensen van jou hebben. Denk er dus goed over na. Er zijn heel veel verschillende kanalen om in te zetten. Het is lastig om ze allemaal goed te beheersen.

50+ TIP
Social media is uitermate geschikt om te laten zien dat je up-to-date bent. Je kunt het imago van een 50+-er in positieve zin beïnvloeden en jezelf zichtbaar maken. Dit kan jou onderscheiden van andere sollicitanten. Op social media kun je jezelf anders profileren dan via een cv. Het is een unieke kans om onder de aandacht te komen bij werkgevers.

Hoofdstuk 11

Video sollicitatie

Werkgevers gaan ook door met innoveren dus zij vragen je af en toe om middels een video-sollicitatie te solliciteren. Soms ter vervanging van een motivatiebrief. Met zo'n video laat je zien dat je enthousiast en representatief bent voor de functie. Je kan gebruik maken van je eigen mimiek en stemvolume. Soms kan een video zelfs voor-oordelen ontkrachten.

Een aantal tips voor een succesvolle motivatie met een video sollicitatie;

1   Denk vooraf wat je boodschap zou moeten zijn voor jouw potentiele werkgever.
2   Vertel maximaal 1,5 minuut waarom jij past bij de functie en organisatie. Vertel niet je hele cv, die kunnen ze zelf lezen.
3   Sta rechtop, schouders naar achteren en zet je telefoon of camera op ooghoogte van je telefoon.
4   Lichaamstaal is belangrijk, gebruik ook je handen om een belangrijkpunt aan te zetten.
5   Zorg dat geluiden van buiten geminimaliseerd worden.
6   Denk je aan je kleding voor je video, doe wat aan wat je ook aan zou doen bij een sollicitatiegesprek.
7   Kijk naar de achtergrond van je video. Zoek iets wat past bij jou.
8   Oefen een gesprek een keer met je sollicitatiemaatje. Met oefenen maak je je video krachtiger.
9   Sluit krachtig af. Zorg dat je ze een koopsignaal bezorgt zodat ze jou gaan uitnodigen voor een sollicitatiegesprek.
10 Tevreden over je video, zet deze dan op privé op Youtube. Voeg dan de link om je video te delen toe bij je sollicitatie.

Hoofdstuk 12

'Werken bij' site / bedrijvensite

De 'werken bij' site is een heel goede bron om alles te weten te komen over wat een bedrijf jou biedt als werkgever. Hier presenteren bedrijven zichzelf en vertellen ze jou als werkzoekende waarom je bij hen zou willen werken. Zo proberen ze jou een goede sollicitatie ervaring te geven. Een 'werken bij' site is een belangrijke toegangspoort voor de vacatures binnen dat specifieke bedrijf. Sommige bedrijven plaatsen hun vacatures alleen nog op de 'werken bij' site. Die vacatures wil je niet missen. Genoeg redenen om als sollicitant deze websites grondig door te spitten.

Het vacature-gedeelte van de site van een bedrijf, bedrijven of sectoren. Deze sites beginnen vaak met **www.werkenbij... of www.careers.....**

12.1 SOORTEN 'WERKEN BIJ' SITES

Er zijn twee soorten:

1 Website van een bedrijf met vacatures en informatie rondom solliciteren.

2 Website waar meerdere bedrijven of sectoren zich verenigen (denk bijvoorbeeld aan zorgbedrijven of bedrijven op een industrieterrein) met vacatures en informatie rondom solliciteren.

VEELGEMAAKTE FOUTEN

1 De 'werken bij' site niet lezen, terwijl er zo veel gerichte informatie op staat voor jou als sollicitant.

2 Er vanuit gaan dat alles op de werken bij site staat. 'Werken bij' sites bevatten veel informatie, maar zijn niet altijd up to date. Laat je dus niet ontmoedigen als er geen vacatures staan of als er geen mogelijkheid tot open solliciteren is

3 Te snel het sollicitatie-formulier invullen op de website. Een formulier is zo verstuurd, maar je maakt ook gemakkelijker fouten.

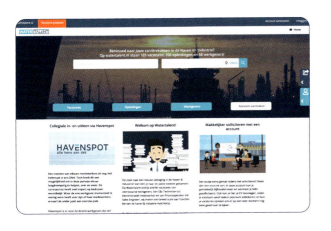

12.2 HOE VIND IK DE 'WERKEN BIJ' SITE?

'Werken bij' sites zijn vaak een onderdeel van de website van het bedrijf zelf. Meestal staat er op de website een apart icoon of een tab waar je op kunt klikken. Deze vind je vaak helemaal bovenaan of helemaal onderaan de pagina. Ook websites die de meeste mensen gebruiken voor bijvoorbeeld online winkelen zoals Bol.com of ANWB.nl hebben 'werken bij' sites.

De meest gebruikte manier om 'werken bij' sites te vinden is via Google: zoek op een bedrijfsnaam met daarachter woorden als 'vacatures', 'werken bij' of 'carrière'. Als laatste kun je via vacaturesites terechtkomen bij de 'werken bij' site van een bedrijf. Sommige bedrijven hebben op vacaturesites nog een bedrijfsprofiel. Op die manier kun je je ook laten verrassen door mogelijk nieuwe werkgevers.

In 2019 is de werkenbij site van de NS verkozen tot beste recruitmentsite op basis van de sollicitatie-ervaring die de website biedt. De website gebruikt zijn merk goed en begeleidt de werkzoekenden door de vacatures.

Maar mooie sites zijn ook:
- Achmea (www.werkenbijachmea.nl)
- Albert Heijn (werk.ah.nl)
- Boskalis (werkenbij.boskalis.com)
- Coolbue (www.werkenbijcoolblue.nl)

12.3 HOE WERKT EEN 'WERKEN BIJ' SITE?

Informatie op de site:
Op een 'werken bij' site van een bedrijf vind je:

- Actuele vacatures.
- Mogelijkheid voor een open sollicitatie.
- Testimonials (verhalen van medewerkers).
- Inzicht in de bedrijfscultuur en werksfeer, bijvoorbeeld door filmpjes.
- Contactgegevens van het bedrijf, de recruitment-afdeling of recruiters.
- Informatie over stages.
- Informatie over arbeidsvoorwaarden.
- Extra informatie over het bedrijf: denk aan de visie, waarden en normen van het bedrijf (wat ze belangrijk vinden).
- De sollicitatieprocedure: hoe je er moet solliciteren en wat daar verder bij komt kijken.
- Een job alert: meld je aan en ontvang per e-mail passende vacatures (zie hoofstuk: E-mail service/ job alert).
- De mogelijkheid om je cv achter te laten (zie hoofdstuk: cv uploaden in een databank).
- Icoontjes om lid te worden van social media van de organisatie, zoals LinkedIn, Facebook, Twitter en Pinterest.

- De mogelijkheid om via de site vragen te stellen aan recruiters.
- Interessante tips.

EXTRA INFORMATIE
Een 'werken bij' site geeft je een goed beeld van het bedrijf als werkgever. Je kunt uit de informatie op de website veel aflezen over de bedrijfscultuur en de door-groeimogelijkheden. Een belangrijke check voor je gaat solliciteren is natuurlijk of je ook bij het bedrijf past.

VOORBEREIDING

Voor het vinden van de juiste 'werken bij' sites is het belangrijk dat je helder voor ogen hebt bij wat voor soort bedrijf je wilt werken.

- Denk na over de sector, branche/ bedrijfstak waar je een baan in wilt vinden.
- Maak een lijst van minimaal twintig bedrijven (hoe meer, hoe beter) waar jij zou willen werken. Bedenk daarbij hoe ver je bereid bent om te reizen voor je baan i.v.m. de vestigingsplaats van het bedrijf. Die kun je gemakkelijk vinden via vacaturesites, startpagina of goudengids.nl, waarbij je op basis van jouw voorkeuren een selectie maakt.

Bekijk de 'werken bij' sites van deze organisaties en bekijk
- Of ze actuele en passende vacatures hebben en of je kunt zien wie de recruiters zijn.
- Of het bedrijf aansluit bij jouw wensen. Maak een favorietenlijst en/of zet ze op je computer in je favorieten.

Dan is het belangrijk dat je goed bijhoudt of er vacatures worden geplaatst.
- Maak een job alert aan, zodat je automatisch een notificatie ontvangt als er een nieuwe vacature in jouw vakgebied is geplaatst.
- Kijk nog wel wekelijks op de 'werken bij' sites via je favorietenlijst. Je let dan op of er nieuwe informatie op gezet is en of er nieuwe vacatures opstaan. Wellicht staat er een andere interessante functie op die niet in jouw job alert valt.
- Volg bedrijven en recruiters via LinkedIn, Facebook, Instagram en/of Twitter.
- Vul je favorieten regelmatig aan met nieuwe bedrijven. Hoe meer bedrijven je volgt, hoe groter de kans dat je als eerste die leuke nieuwe vacature ziet. Daarbij vinden bedrijven het leuk (en vinden jou gemotiveerd) als je aangeeft dat je hun 'werken bij' site volgt.

@
Veel bedrijven hebben een werkenbij LinkedIn pagina zoals Werken bij Achmea en de Gemeente Rotterdam. Volg deze paginas actief op LinkedIn en deel en reageer af en toe op berichten. Zo laat je zien dat je interesse hebt in het bedrijf.

Contact

Alleen het invullen van het formulier op de 'werken bij' site is niet voldoende om je te onderscheiden. Probeer in contact te komen met de recruiters van de bedrijven waar je wilt werken. Bel ze op, zeg dat je interesse hebt om er te komen werken en stel een paar goede vragen (zie ook de hoofdstukken: Open sollicitatie en bedrijf binnenlopen/ bedrijf bellen). Wel goed om dan meteen een Linkedin uitnodiging naar de recruiter te versturen.

Eerder in dit hoofdstuk gaven we aan dat het slim is om bedrijven en recruiters te volgen op social media. Als je recruiters volgt kun je ook hun netwerk zien en bekijken welke mensen er bij die bedrijven werken. Social media maakt het tegenwoordig heel gemakkelijk om direct in contact te komen met mensen binnen het bedrijf.

12.4 VOORDELEN EN NADELEN VAN EEN 'WERKEN BIJ' SITE

Voordelen
- Je vindt alle informatie rondom het solliciteren bij een specifiek bedrijf op een speciale website.
- Wanneer je de bedrijven actief volgt via hun eigen website en social media ben je vaak als eerste op de hoogte van de nieuwste vacatures.
- Het is de snelste manier om informatie over vacatures en solliciteren bij een bedrijf te krijgen.
- Je kunt direct bij het bedrijf solliciteren, zonder dat er een andere partij tussenzit. Je bent dus gelijk aan het goede adres.

Nadelen
- Een 'werken bij' site is niet altijd actueel en volledig. Bel dan ook altijd voordat je solliciteert.
- Open solliciteren via een 'werken bij' site kan betekenen dat je in een grote database terecht komt. Probeer door persoonlijk contact nog extra onder de aandacht te komen.

Hoofdstuk 13

Huis-aan-huis bladen

Onderschat de huis-aan-huis bladen niet als kanaal om een baan te zoeken. In deze gratis kranten die wekelijks bij je op de mat vallen, staan vaak interessante lokale vacatures. Ook als er een paar weken niet meteen passende vacatures voor je in staan, blijf ze dan doorspitten, want je kunt er op een dag net wel die leuke baan bij jou in de buurt in tegenkomen. Reageer dan snel zodat je andere sollicitanten het nakijken geeft.

Huis-aan-huis bladen zijn de kranten die je gratis in de brievenbus krijgt.

13.1 SOORTEN HUIS-AAN-HUIS BLADEN

In Nederland worden iedere week ruim acht miljoen huis-aan-huis bladen verspreid. Bijna ieder huishouden ontvangt gemiddeld twee huis-aan-huis bladen. Hoeveel bladen je ontvangt hangt af van de plaats waar je woont (gemeente, regio, stad) en welk type huis-aan-huis blad je krijgt. Per gebied heb je meestal twee of meer verschillende typen huis-aan-huis bladen:

- Gericht op dorp/gemeente.
- Gericht op wijk- of deelgemeente.
- Gericht op stad.
- Gericht op regio.

VEELGEMAAKTE FOUTEN
1. Denken dat er geen passende vacatures in staan.
2. Ervan uitgaan dat er geen vacatures voor hoger opgeleiden instaan.
3. Geen moeite doen om kranten uit de omgeving te achterhalen.

13.2 HOE VIND JE HUIS-AAN-HUIS BLADEN?

Het is zeker de moeite waard om veel huis-aan-huis bladen uit de buurt waar je woont te ontvangen. Stel je woont in Best en ontvangt wel 'Groeiend Best', maar niet het huis-aan-huis blad uit de gemeente Oirschot die vijf kilometer verderop ligt. Dan is het de moeite waard om daar toch aan te komen. Hoe je dat doet?
- Ga naar de bibliotheek.
- Vraag of familie, kennissen en vrienden ze ontvangen.
- Kijk bij het gemeentehuis, buurthuis of bij de deelgemeente.

- Kijk eens in cafés of andere openbare gelegenheden.
- Vraag ze op bij de uitgever (moet je meestal voor betalen).
- Kijk op het internet (typ 'huis-aan-huis bladen' en 'plaats' of 'regio').

Mocht dit allemaal niet lukken, doe dan navraag bij buren, vrienden en bekenden om te vragen of zij nog tips hebben.

TIPS
- Zoek uit welke lokale kranten er in je buurt zijn (zie ook hoofdstuk: Krant).
- Zorg dat je geen 'nee-nee-sticker' op je brievenbus hebt, maar een 'nee-ja-sticker' of geen sticker.
- Probeer kranten die in je omgeving verspreid worden en die jij niet automatisch krijgt, toch te ontvangen of in je bezit te krijgen.
- Zorg dat je elke week drie of vier van dit soort kranten doorspit.
- Alle vacatures in huis-aan-huis bladen staan tegenwoordig ook online.

Soms vind je een tijd lang geen passende vacatures in huis-aan-huis bladen, blijf ze toch aandachtig controleren, zowel de grote advertenties als de rubrieksadvertenties. Jouw baan kan er maar net tussenstaan of misschien vind je zo je toekomstige werkgever die op dat moment op zoek is naar andere medewerkers.

SNELHEID
Om snel op vacatures te kunnen reageren is het belangrijk dat je weet wanneer de huis-aan-huis bladen in je bus komen of verspreid worden. Je moet ze binnen een dag helemaal uitpluizen en snel reageren om andere sollicitanten voor te zijn.

13.3 VOORDELEN EN NADELEN VAN HUIS-AAN-HUIS BLADEN

Voordelen

- Reistijd voor vacatures is vaak gering.
- Voor herintreders en parttimers staan er vaak vacatures in.
- Er staan lokale banen in die je niet op de landelijke jobsites vindt.
- De vacatures die erin staan moeten vaak snel vervuld worden.

Nadelen

- Het vacatureaanbod is niet heel groot.
- De bladen verschijnen maar één keer per week.
- Je moet extra moeite doen om aan de kranten te komen.
- Vaak kun je de banen online moeilijk vinden.
- Als je een 'nee-ja-sticker' op de brievenbus hebt krijg je misschien weer reclame in de bus.

VACATURES OP NIVEAU

In huis-aan-huis bladen staan vacatures op vmbo- mbo- en hbo-niveau, voor tijdelijke en vaste banen. Fulltime en part-time. Het zijn vooral banen in de buurt.

Hoofdstuk 14

Zoekmachine

De meest gebruikte zoekmachine in Nederland is Google. Google is een goede bron van informatie, omdat je er heel veel kunt vinden. Precies vinden wat je zoekt is echter best lastig. Google vindt namelijk exact wat je intoetst. En dat betekent dat jij een goede zoekopdracht moet geven, om goede resultaten te krijgen. Dit geldt overigens voor alle zoekmachines, zoals Bing, Yahoo, Indeed en de zoekmachines van vacaturesites en LinkedIn.

Daarom laten we je in dit hoofdstuk zien welke stappen je moet zetten om alleen de meest relevante zoekresultaten te krijgen. Bij zoekmachines gaat het vooral om proberen, proberen, proberen. Er net zolang mee spelen tot je begrijpt hoe je tot een goed resultaat komt. Iedereen kan zoeken op Google, wij leren je vinden op Google.

VEELGEMAAKTE FOUTEN

1   Alleen de eerste 25 resultaten bekijken.
2   Steeds op dezelfde manier en dezelfde termen zoeken.
3   Geen gebruik maken van alle zoekopties.

14.1   HOE WERKT SOLLICITEREN VIA ZOEKMACHINES?

Aangezien Google in Nederland de meest gebruikte zoekmachine is, zullen we de functionaliteiten van deze zoekmachine nader belichten. Veel zoekmachines werken op dezelfde manier.

Gebruik de Google browser (Google Chrome) als je met Google naar vacatures zoekt. Google heeft veel handige 'hulpjes' bij het zoeken naar passende vacatures, zoals:

- Makkelijk terugzoeken in je zoekgeschiedenis (google.nl/history).
- Instellen van zoekvoorkeuren, zoals 100 resultaten op 1 pagina.
- Maken van Google alerts.
- Google+.
- Favorieten aanmaken en managen.
- Openen van zoekresultaten in een aparte pagina.

Wij laten je zien hoe je deze goed kunt gebruiken.

Wanneer je zoekt met Yahoo of Bing, krijg je andere relevante resultaten dan wanneer je alleen met Google zoekt.

Stap 1: Aanmaken Google profiel

Maak een Google profiel aan. Wanneer je een Gmail account hebt, heb je eigenlijk al een Google account. Wanneer je dat nog niet hebt kun je hem aanmaken via Google.nl. Rechtsboven in je scherm zie je de optie 'inloggen'. Vervolgens kun je de optie 'maak een account aan' kiezen.

Stap 2: Bepaal je zoekinstellingen

Veel mensen bekijken alleen de eerste drie pagina's van de zoekresultaten, omdat de resultaten daarna steeds minder relevant lijken. Dat is zonde, want je zult veel relevante vacatures missen. De resultaten op de eerste pagina's zijn namelijk het meest geoptimaliseerd voor de zoekmachine. Sommige vacatures zijn niet goed genoeg geschreven en verschijnen dus lager in de zoekresultaten, terwijl ze voor jou mogelijk wel interessant zijn.

Ga via instellingen onderaan de pagina naar de zoek-instellingen.

Hier kun je instellen hoeveel resultaten je per pagina wilt zien.

Verander je Google Instant-voorspellingen in: Geef nooit dynamische resultaten weer. Nu kun je handmatig het aantal resultaten per pagina instellen op 100. Zo heb je in een keer zicht op heel veel vacatures.

Stap 3: Verfijn je zoekresultaten

Wanneer je een zoekopdracht hebt gegeven, kun je de zoekresultaten verder verfijnen. Dit kun je doen door naar 'zoekhulpmiddelen' te gaan en extra keuzes te maken zoals:

- Land: hier kun je aangeven uit welk land jouw resultaten komen.
- Taal: hier kun je bijvoorbeeld aangeven dat je alleen pagina's geschreven in het Nederlands wilt weergeven.
- Periode: hier kun je de meest recente resultaten tonen door te kiezen voor afgelopen week of afgelopen 24 uur.
- Resultaten: dit filter kun je gebruiken als je bijvoorbeeld alleen websites wilt zien die je nog niet eerder hebt bezocht.
- Locatie: hier kun je aangeven rondom welke plaats je wilt zoeken.

Zo kun je verder verfijnen tot je zo'n 250 tot 300 resultaten hebt. Vanaf dit aantal loont het de moeite om door de resultaten heen te lopen. Je kunt ook verfijnen tot je minder dan 50 resultaten hebt, maar dan loop je misschien passende vacatures mis.

Vaak gebruiken baanzoekers het woord 'vacature' of 'vacatures' in hun zoek-op-dracht. Probeer ook eens te zoeken met het woord 'solliciteer' of 'solliciteren'.

Een probleem dat vaak voorkomt is dat je bij elke zoekopdracht dezelfde 'slechte' resultaten er tussen hebt zitten (resultaten die je niet wilt, bijvoorbeeld pagina's die niet meer bestaan). Deze kun je weghalen door er een 'minteken' (-) voor te zetten. Stel je krijgt steeds vactures voor 'stages', dan zet je in de zoekbalk -stage. Let op dat er tussen het minteken (-) en de zoekterm dat je wilt uitsluiten geen spatie staat.

Een andere manier om verder te verfijnen is om betere zoektermen te gebruiken of de zoektermen op de juiste manier te gebruiken.

Stap 4: Verbeter je resultaten met zoektermen
Het beste resultaat krijg je natuurlijk wanneer je een combinatie maakt van de beste zoektermen. Google helpt je daar op drie manieren mee:

- **Optie 1: Combineren van zoekwoorden**
  Kijk hiervoor bij de tips in hoofdstuk: Vacaturesites.
- **Optie 2: Geavanceerd zoeken**
  Ga via de button opties naar 'geavanceerd zoeken' en maak een combinatie van jouw zoekwoorden.

- **Optie 3: Boolean Logic**
  Boolean logic is de zoektaal van de meeste zoekmachines. Hiermee geef je exact aan wat je wilt vinden. Bij Boolean Logic gaat het om de relatie tussen woorden.

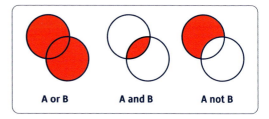

| A or B | A and B | A not B |

Het eerste voorbeeld laat zien dat je met OR zoekt op beide termen afzonderlijk en de combinatie van woorden.
Bijvoorbeeld: accountmanager OR Salesconsultant.

Het tweede voorbeeld laat zien dat je met AND alleen de resultaten krijgt waarin beide termen voorkomen.
Bijvoorbeeld: accountmanager AND Utrecht.

Het derde voorbeeld laat zien dat je met NOT bepaalde termen kan uitsluiten.
Bijvoorbeeld: accountmanager NOT junior

Stap 5: Stel je webgeschiedenis in

In hetzelfde menu waar je je zoekinstellingen kunt veranderen, kun je ook je webgeschiedenis in stellen.
Dit is interessant om bijvoorbeeld vacatures terug te vinden die je had gevonden, zoekopdrachten na te kijken of andere oriëntaties te bekijken. Je kunt je geschiedenis en een hoop extra statistieken bekijken.

14.3 VOORDELEN EN NADELEN VAN ZOEKMACHINES

Voordelen
- Je kunt op het hele internet zoeken en onverwachte vacatures vinden.
- Als je het goed gebruikt is het 'krachtig': je vindt snel, veel en vaak 'unieke' vacatures.
- Zoekmachines 'kijken' overal, ook in social media en op vacaturesites.

Nadelen
- Het is ingewikkeld en moeilijk als je niet goed weet hoe het werkt.
- Het is lastig om passende resultaten te vinden.
- Het kost tijd en energie voordat je het onder de knie hebt.

VIJF EXTRA TIPS VOOR GOOGLE

1. Oefen, probeer, oefen en probeer nog meer. Als je niet weet hoe het werkt, 'Google' het dan of kijk een demo filmpje op Youtube.
2. Denk goed na over zoekwoorden die je wilt gebruiken.
3. Zoek minstens twee keer per week op Google.
4. Met de juiste zoekinstellingen kun je Google alerts aanmaken; je krijgt automatisch een waarschuwing in je mail als er passende vacatures zijn. (zie hoofdstuk: E-mail service / job alert).
5. Als je onvoldoende passende resultaten vindt, pas dan je zoekinstellingen aan door extra plaatsen, beroepen of andere termen toe te voegen.

Hoofdstuk 15

UWV

Een baan zoeken en vinden moet je vooral zelf doen. Het UWV (voorheen UWV WERKbedrijf) is vooral gericht op uitkeringen, maar ze kunnen je wel helpen, ondersteunen, in de goede richting wijzen en zo je kans op het vinden van een baan vergroten. Vooral voor mensen met vmbo en mbo hebben ze interessante vacatures. Om die te vinden zul je zelf actief aan de slag moeten gaan op hun website werk.nl. Voor mensen ouder dan 50, jonger dan 27, uit de culturele sector, uit het onderwijs of overheid en voormalig topsporters gelden bijzondere situaties.

Het **UWV** is de uitkeringsinstelling van het Ministerie van Sociale Zaken en Werkgelegenheid. Het UWV helpt werkzoekenden op weg naar werk met behulp van de site werk.nl.

Bij het UWV kun je terecht als je:

- Op zoek bent naar een baan.
- Een WW-uitkering hebt of wilt aanvragen.
- Een WWB/Ioaw- uitkering hebt of wilt aanvragen.
- Een Wajong-uitkering hebt of wilt aanvragen.
- (Gedeeltelijk) arbeidsongeschikt bent en een uitkering ontvangt.
- Geen baan hebt en geen recht hebt op een uitkering.
- Een baan hebt en op zoek bent naar een andere baan.

15.1 VESTIGING EN INTERNET

Veel dingen regel je zelf op werk.nl. Wil je meer ondersteuning dan kun je terecht bij een vestiging van het UWV. Dit noemen ze een Werkplein. Op het Werkplein werken de Sociale Dienst van de gemeente waar je woont en het UWV samen. Ook vind je hier andere organisaties die helpen bij werk, opleiding en re-integratie.

VEELGEMAAKTE FOUTEN

1. Denken dat het UWV een baan voor je zoekt.
2. De richtlijnen van het UWV volgen om een baan te vinden; een keer per week solliciteren is echt te weinig.
3. Alleen de vacatures op werk.nl bekijken en niets doen met de andere informatie op deze site.

Je kunt er terecht voor:

- Een persoonlijk gesprek met een werkcoach (op afspraak).
- Vacatureborden met lokale en regionale vacatures.
- Verschillende brochures.
- Speeddates met uitzendbureaus.

Kies in de menubalk van werk.nl 'contact' en daarna 'vestiging zoeken' en voer je postcode in voor het dichtstbijzijnde Werkplein.
Je kunt ook bellen met UWV Telefoon Werknemers, telefoon 088 898 9294.

15.2 HOE WERKT WERK.NL?

Op werk.nl vind je veel informatie over werk zoeken en tienduizenden vacatures. Wil je reageren op een vacature dan log je met je DigiD in op je persoonlijke Werkm@p. (DigiD staat voor Digitale Identiteit; het is een manier van de overheid om op internet te zien dat jij bent wie je zegt dat je bent. Je kunt je DigiD aanvragen op digid.nl). In je Werkm@p staat je cv en bewaar je je sollicitaties, documenten, afspraken en contacten.

Hoe activeer je alles? Wacht niet af tot je een brief krijgt van het UWV. Schrijf je meteen in op werk.nl met je DigiD.

Op werk.nl kun je:
- Vacatures zoeken.
- Informatie en tips vinden over werk zoeken en solliciteren.
- Een uitkering aanvragen.
- Online trainingen volgen.
- Handleidingen bekijken.
- Formulieren invullen.
- Brochures downloaden.

Als je inlogt op je persoonlijke Werkm@p, kun je onder andere:
- Je cv plaatsen op werk.nl.
- Vacatures zoeken en direct reageren.
- Vacatures bekijken die bij je cv zijn gevonden.
- Documenten opslaan.
- Een agenda bijhouden.
- Contactpersonen bijhouden.
- Je sollicitaties bijhouden.

cv plaatsen
Zet zeker je cv op werk.nl. Je kunt dan reageren op vacatures en werkgevers kunnen jou vinden. Ook krijg je vanzelf interessante vacatures.

Vacatures
Je kunt op werk.nl zoeken naar vacatures. Doe dit minstens twee keer per week. Zorg ervoor dat je vaste dagen kiest en dat in je agenda/planning opschrijft.

Lang werkloos zijn is je grootste tegenstander in je zoektocht naar een baan. Wacht niet af, ga direct aan de slag, ook al heb je bijvoorbeeld een vergoeding gekregen van je oude werkgever. Zorg meteen dat je klaar staat om een andere baan te zoeken. Wellicht duurt het wat langer dan je dacht. Je kunt niet snel genoeg beginnen met solliciteren.

Vrijwilligerswerk mag onder voorwaarde dat het betaald werk voor jezelf en anderen niet in de weg staat.

15.3 VOORDELEN EN NADELEN VAN HET UWV

Voordelen
- Werk.nl biedt veel vacatures, zeker voor vmbo en mbo-niveau.
- Voor vmbo en mbo-niveau vind je er leuke stageplekken.
- Je vindt er hulp in de vorm van tips en adviezen bij je zoektocht naar een baan.
- Internationaal kun je via werk.nl een baan vinden. Zo zoekt het UWV vaak seizoenswerkers, bijvoorbeeld in Oostenrijk in de winterperiode.
- Werkgevers zoeken ook via werk.nl naar nieuwe medewerkers.

Nadelen
- Het UWV is vooral ingericht op uitkeringen en niet op het zoeken van werk.
- Je moet veel geduld hebben, het UWV heeft het druk en daarom duurt het lang.
- Het UWV spoort je niet aan actief te zoeken.

PROEFPLAATSING
Als je een uitkering hebt en bij je nieuwe werkgever in dienst wilt komen, kan een proef-plaatsing een goed idee zijn. De werkgever kan je in dienst nemen voor maximaal drie maanden terwijl jij je uitkering houdt. De werkgever betaalt dan geen loon en kan zien of je de baan aankunt. De werkgever moet dan wel de bedoeling hebben om jou na de proefplaatsing een halfjaarcontract te geven.

Hoofdstuk 16

Interne vacature

Om via interne vacatures aan een baan te komen is het belangrijk je netwerk in te zetten (voor mensen die geen baan hebben) of te laten zien en horen dat je iets anders wilt (voor mensen die wel een baan hebben). Laat in je netwerk of bij het bedrijf waar je werkt weten dat je een (andere) baan zoekt. In dit hoofdstuk geven we voor zowel baanzoekers als mensen die willen veranderen van baan, tips en adviezen rondom interne vacatures.

Vacatures die in het bedrijf bekend worden gemaakt voor ze naar buiten (extern) gaan zijn **interne vacatures**.

16.1 WAAR VIND JE INTERNE VACATURES?

Interne vacatures gaan vaak via mond-tot-mond reclame. Je vindt ze:

- Op intranet.
- Als screensaver op je pc.
- In personeelsbladen.
- Op posters in de kantine, hal of bij de koffieautomaat/ prikbord.
- Op interne tv.
- In de geruchtenstroom.

16.2 HOE WERKEN INTERNE VACATURES?

Interne vacatures zijn interessant voor twee groepen baanzoekers:

1 Mensen die geen baan hebben en die via hun netwerk interne vacatures willen achterhalen.
2 Mensen die wel een baan hebben en via interne vacatures (binnen de eigen organisatie of een andere organisatie) een andere baan willen vinden.

Voor de eerste groep is het belangrijk dat zij hun netwerk inzetten om vacatures te achterhalen bij bedrijven waar ze graag willen werken. Voor de tweede groep geldt: onderzoek welke interne vacatures er zijn en laat zien en horen

VEELGEMAAKTE FOUTEN
1 Te lang wachten met solliciteren.
2 Onvoorbereid reageren op een interne vacature, of te gemakkelijk denken dat je in aanmerking komt.
3 Van te voren niet informeren naar de ins en outs van de vacature.
4 Niet investeren in het interne netwerk.

'BRUTALE' UITZENDKRACHT

Als je ergens tijdelijk werkt en je ziet een interne vacature die je aanspreekt, wees 'brutaal' en solliciteer ook al mag het misschien niet.

dat je deze interessant vindt. Veel bedrijven hebben een intranetsite waar de interne vacatures op staan, maar het is geen gek idee om te zeggen dat je iets anders wilt. Dat kan bij je leidinggevende (uiteraard als je een goede relatie met elkaar hebt) of bij HR/Personeelszaken. Dat je meer of iets anders wilt, mag je best (bescheiden) aangeven bij mensen die dicht bij de interne vacatures staan.

VOOR MENSEN DIE GEEN BAAN HEBBEN

1 Onderzoek waar je zou willen werken, vraag in je netwerk of er bij deze bedrijven ook interne vacatures zijn en kijk samen of ze bij jou passen.
2 Ga naar open dagen van bedrijven die je interessant lijken en vraag of ze interne vacatures hebben.
3 Op LinkedIn kun je vaak zien wie een bedrijf afgelopen maand verlaten heeft. Goede kans dat die plek vrijkomt en er dus een interne vacature is.
4 Vraag maandelijks aan de mensen in je netwerk via mail of telefoon of ze interne vacatures weten en maak duidelijk wat voor soort baan je zoekt.

VOOR MENSEN DIE VAN BAAN WILLEN VERANDEREN

1 Onderzoek welke interne vacatures er zijn en ga met mensen van die afdeling praten.
2 Stap op de manager van de afdeling af en ga het gesprek aan (open bijvoorbeeld met: *Ik weet dat ik een goede collega ben voor de functie...*).
3 Vraag aan de manager wat hij of zij zoekt en wat je kunt doen om voor de baan in aanmerking te komen.
4 Praat ook met collega's en vraag of ze een goed woordje voor je willen doen.
5 Laat jezelf zien in de organisatie en probeer onder de aandacht te komen van de afdeling waar je wilt werken.
6 Praat met je leidinggevende en vertel eerlijk dat je iets anders zoekt, niet meteen maar voor over een tijdje. Vraag of je leidinggevende je wil helpen.
7 Vraag een gesprek aan bij de HR-afdeling om je loopbaan te bespreken.
8 Onderzoek of je een opdracht kunt uitvoeren met en/of voor de afdeling waar je wilt werken en maak jezelf zichtbaar.

Voor beide groepen geldt: ook al voldoe je niet aan alle eisen in de interne vacature, reageer toch. Bel in ieder geval met de manager/leidinggevende/recruiter van het bedrijf of de afdeling om uit te vinden wat voor kandidaat wordt gezocht.

16.3 VOORDELEN EN NADELEN VAN SOLLICITEREN VIA INTERNE VACATURES

Voordelen

- Je weet al meer van het bedrijf door de gesprekken met mensen in je netwerk.
- Je weet wie je moet aanschrijven en je kunt je dus goed voorbereiden.
- Je kunt gericht solliciteren.
- Snel reageren maakt misschien dat je de eerste bent.
- Je brief en cv liggen in ieder geval eerder op het bureau van de juiste persoon dan die van externe kandidaten.
- Als je iemand kent bij een bedrijf kan diegene een goed woordje voor je doen.
- Als je meerdere functies binnen een bedrijf hebt gehad ben je breder inzetbaar voor het bedrijf.
- Je hoeft minder ingewerkt te worden omdat je al veel van het bedrijf weet (als je er al werkt).

Nadelen

- Als je met mensen uit je eigen netwerk samenwerkt kan het lastig zijn om privé en zakelijk gescheiden te houden.
- Bij interne vacatures kunnen 'interne' regels gelden. Daar moet je alert op zijn.
- Het kan voorkomen dat je moet concurreren met je eigen collega's voor de baan.
- Je kunt worden afgewezen. Dat betekent niet (als je al binnen het bedrijf werkt) dat je geen goede collega bent. Alleen ben je niet meest geschikte voor deze baan.
- Een ouderwetse baas kan denken dat je ontevreden bent als je begint over een baan op een andere afdeling.
- Interne kandidaten gaan vaak voor externe kandidaten. Dit kan lastig zijn als je via je netwerk bent binnengekomen bij een bedrijf.

REAGEER SNEL
Reageer snel als een interne vacature je aanspreekt. Dan lig je bovenop de stapel en gaat de vacature misschien niet meer extern.

Als je wordt afgewezen voor een baan die je erg graag wilt, vraag dan wat je moet doen om de volgende keer wel succesvol te zijn. Misschien kun je je presentatie verbeteren, eerst nog meer ervaring opdoen of bepaalde kennis en vaardigheden verbeteren met een opleiding.

Hoofdstuk 17

Krant

Het is best lastig om in de krant passende vacatures te vinden. De vacatures staan niet altijd overzichtelijk bij elkaar en niet elke krant plaatst vacatures op dezelfde dag. Je ziet dat elke krant zijn eigen soort vacatures heeft. De laatste jaren neemt het aantal vacatures in de krant af. Toch is het goed om de krant te gebruiken bij je zoektocht naar een baan.

Je blijft op de hoogte van het nieuws, je leest welke werkgevers in het nieuws zijn en je ziet welke werkgevers veel adverteren. Werkgevers die veel adverteren en groeien hebben vaak mensen nodig. Steeds belangrijker wordt de internetsite van een krant met daarop de vacatures.

De vijf meest gelezen kranten in ons land zijn:

- Regionale kranten.
- De Telegraaf.
- AD.
- De Volkskrant.
- NRC Handelsblad / nrc.next.

17.1 SOORTEN KRANTEN

Er zijn verschillende soorten kranten. Belangrijk om te weten is dat elk type krant op een ander moment vacatures heeft en verschillende soorten vacatures heeft.

- Landelijke dagbladen: vacatures op zaterdag.
- Regionale dagbladen: vacatures op zaterdag.
- Gratis dagblad Metro: vacatures op maandag en woensdag.
- Gratis huis-aan-huis bladen: wekelijkse of tweewekelijkse vacatures.

Hierop zijn een paar uitzonderingen. Op woensdag verschijnt bij nrc.next het carrière-katern met vacatures

Kijk welke bedrijven adverteren in kranten en bekijk daarna hun websites om te zien of ze vacatures hebben die voor jou interessant kunnen zijn.

en arbeidsmarktnieuws. Op zaterdag staan in het economie katern van NRC Weekend vacatures en een aantal carrièrepagina's met arbeidsmarktnieuws. Het Financieele Dagblad heeft vacatures op donderdag. Het gratis dagblad Metro heeft elke dinsdag zorg- en welzijnsvacatures in haar krant staan.

Elke krant heeft een eigen doelgroep:

- De Volkskrant en NRC Handelsblad: hoogopgeleiden.
- Regionale kranten: regionale vacatures voor iedereen.
- AD en De Telegraaf: mbo en hbo.
- Metro: meer gericht op jongeren.

Ook richten kranten hun vacatures op branches en bepaalde beroepsgroepen:

- NRC Handelsblad: *Juridisch*.
- De Telegraaf: *Commercieel*.
- Parool: *Regio Amsterdam*.
- De Volkskrant: *Zorg en Overheid*.
- Trouw, Nederlands en Reformatorisch Dagblad: *Religieus*.
- Het Financieele Dagblad: *Financieel*.

DOORSPITTEN
De hele krant van voor naar achteren doorspitten is het beste. Bekijk in ieder geval de grote advertenties in kleur en beeld die een kwart pagina beslaan. Ook interessant zijn de stoppertjes die tussen de verkoopadvertenties van huizen en de 0906-nummers staan, vooral als je iets zoekt in de horeca, beveiliging of bij uitzendbureaus.

17.2 WELKE KRANT PAST BIJ JOU?

Kranten vind je bij wijze van spreken op elke straathoek: in kiosken, supermarkten en sigarenwinkels. Je kunt kranten ook lezen bij bibliotheken of lenen bij je buren als je geen abonnement hebt. Om erachter te komen in welke krant jij de meest passende vacatures vindt, kun je het beste variëren met kranten. Let wel: alle vacatures die in de krant staan, staan ook op de internetpagina van de krant.

17.3   WAT KAN JE MET EEN KRANT?

Kranten lees je anders dan websites. Je scant ze, komt meer onverwachte dingen tegen en kunt er gemakkelijk uithalen wat je aanspreekt. Door een krant kun je op nieuwe ideeën of bedrijven komen of op een ander spoor gezet worden in je zoektocht naar een baan.

Index
Vaak vind je in het eerste katern van de krant een overzicht (index) van alle vacatures die erin staan. Die index kun je gebruiken om snel naar de voor jou interessante vacatures te gaan. Toch is het goed om alle vacatures door te nemen. Je weet nooit wat je tegenkomt bij andere branches, tussen de stoppertjes (mini advertenties) of bij werving- en selectiebureaus die adverteren.

Website
In kranten vind je vaak vacatures van hoge kwaliteit; er is veel zorg en aandacht aan besteed. Maar je ziet vaak niet alle vacatures van een bedrijf. Op de websites van de kranten staan nog veel meer vacatures die interessant kunnen zijn, bijvoorbeeld op:

- carriere.nrc.nl
- speurders.nl/overzicht/banen
- intermediair.nl
- www.indeed.nl/Kranten-vacatures

Maak het een vast ritueel en koop elke zaterdag minstens één krant: voor de vacatures, om op de hoogte te blijven van het nieuws en om geïnspireerd te raken door mogelijk kansrijke werkgevers en branches.

Er staan minder vacatures in de krant dan vroeger, maar de krant niet gebruiken als je solliciteert, is een gemiste kans. Gebruik daarentegen naast de krant altijd andere manieren om te zoeken.

Netwerk

Vraag aan familie, vrienden en bekenden of ze voor je willen kijken naar vacatures in de kranten die zij lezen. Zo vang je meerdere kranten tegelijk. Mensen vinden het vaak leuk om je hiermee te helpen.

Noem de krant waarin de vacature staat in je sollicitatiebrief. Dat werkt in je voordeel.

17.4 VOORDELEN EN NADELEN VAN ZOEKEN VIA DE KRANT

Voordelen
- Een krant kan inspireren.
- Er staan vaak vacatures in van hoge kwaliteit (veel zorg en aandacht aan besteed).
- In de rubrieksadvertenties vind je vacatures van bedrijven die soms geen website hebben.
- Je komt door een advertentie in een krant bij een bedrijf terecht dat wellicht aan het groeien is en wellicht vacatures heeft.
- Een advertentie kan aangeven dat een bedrijf groeit en er eventueel kansen liggen.

Nadelen
- Er staan nauwelijks nieuwe en unieke vacatures in.
- Je moet een week wachten tot je weer kunt kijken.
- Het kost geld.
- Alle vacatures staan ook op internet.

EXTRA TIPS
- Weet wanneer vacatures in de voor jou belangrijke kranten staan.
- Kijk op vacaturesites van die kranten.
- Geef het bedrijf een compliment als ze een mooie advertentie hebben.

45+ TIP
Vroeger was de krant hét kanaal om een baan te vinden. Dat is sinds de komst van internet niet meer zo. Zie de krant dan ook als extra kanaal, niet als primair kanaal.

Hoofdstuk 18

Oriëntatie op scholen en universiteiten

Op vmbo, mbo, hbo en wo opleidingen tref je werkgevers die in contact willen komen met studenten en afgestudeerden: jonge mensen die zoeken naar hun eerste baan. Die bedrijven komen op je school omdat ze jou willen verleiden bij hen te solliciteren. Ze helpen je graag met het zoeken van een baan. Ons advies: ga naar de bedrijfspre-sentaties en doe al mee met de loopbaanactiviteiten die georganiseerd worden voordat je afgestudeerd bent. Je kunt er veel van opsteken. De kans is groot dat je na je studie sneller een baan vindt.

18.1 WAAR VIND JE BANEN OP SCHOOL?

Op school kun je op heel veel manieren vacatures vinden of in contact komen met werkgevers, onder andere via:

- Bedrijven- en carrièredagen (zie ook hoofdstuk: Carrièrebeurs / banenbeurs).
- Decaan.
- Studieverenigingen.
- Studentenverenigingen.
- Loopbaancentrum/ studieadviescentrum.
- Uitzendbureaus.
- Bladen en schoolkranten.
- Gastcolleges.
- Banenbeurzen.
- Jaarboeken.
- Studiegidsen.
- Websites van studieverenigingen.
- Intranet.
- Stagebureaus en stagesites.
- Prikborden.

VEELGEMAAKTE FOUTEN

1 Niet om hulp vragen aan een decaan, je mede-scholieren of bijvoorbeeld gastdocenten.

2 Niet geïnteresseerd zijn in bedrijven of bedrijfs-presentaties omdat je pas over een half jaar (of langer) op de arbeids-markt komt.

3 Denken dat activiteiten op je school niet meer interessant voor je zijn als je (al) afgestudeerd bent.

Als een werkgever je afwijst voor een activiteit (stage, bedrijvendag), laat je niet ont-moedigen. Het betekent niet dat je definitief afgewezen bent, slechts voor deze activiteit. Je kunt nog steeds solliciteren als je er graag wilt werken. Zorg dat je weet wie je moet benaderen als je nog een poging wilt wagen.

Als (bijna) afgestudeerde ver-groot je je kans op een baan door bedrijven te bezoeken en mee te doen aan bijvoor-beeld in-housedagen, masterclasses, cv-trainingen en bedrijvendagen of een cursus solliciteren te volgen.

18.2 WIE HELPT JOU OP WEG?

De meeste vacatures op scholen en universiteiten vind je via de decaan, het loopbaancentrum en stagecoördina-toren. Zij hebben vaak goede contacten met werkgevers, kunnen je goede tips en adviezen geven over je kansen op de arbeidsmarkt en misschien introduceren bij bepaalde organisaties. Daarnaast kun je veel leren door:

- Te volgen wat je medestudenten doen en waar ze dat doen.
- Te onderzoeken wat afgestudeerde studenten en scholieren zijn gaan doen door hun profiel te bekijken op social media.
- Je aan te sluiten bij studieverenigingen en te kijken wat ze organiseren op dit gebied.
- Aanwezig te zijn op voorlichtingsdagen en bedrijfs-presentaties op je school.
- Alumniverenigingen van studie- en studenten-verenigingen te checken.

Er zijn bedrijven die speciale activiteiten organiseren om studenten te werven. Bijvoorbeeld accountantskantoren, die zich richten op hbo en wo studenten. Defensie, politie, techniekbedrijven en banken doen dat ook (veelal mbo georiënteerd).
Organisaties die zich richten op studenten en afstudeerders, hebben op hun websites uitgebreide informatie staan die je helpt om een goede keuze te maken. Naast werkgevers zijn er verschillende organisaties die zich op studenten richten met veel bruikbare informatie en tools:

- qompas.nl
- integrand.nl
- magnet.me

Een decaan of gastdocent kan je veel waardevolle tips geven die je gaan helpen om je gewenste baan te vinden. Je moet dan wel de juiste vragen stellen, zoals:

- Met welke bedrijven werkt onze school samen?
- Welke bedrijven sponsoren onze school?
- Waar kan ik goede stageplekken vinden?
- Hoe kan ik in contact komen met oud-leerlingen om te netwerken?
- Bij welke bedrijven of in welke branche gaan studenten van mijn opleiding werken?

18.3 VOORDELEN EN NADELEN VAN ORIËNTATIE OP SCHOLEN EN UNIVERSITEITEN

Voordelen
- Deelnemen aan gratis activiteiten die bedrijven of je opleidingsinstelling/studievereniging organiseren, is een goede oefening waar je veel van kunt leren.
- Bedrijven zijn met een reden op je school. Ze zijn echt geïnteresseerd in mensen in jouw studierichting.
- Met werkgevers op scholen kun je informeel kennis maken en je netwerk hiermee vergroten.

Nadelen
- Bedrijven komen maar één of een paar keer naar je opleiding. Weet wanneer dat is, zodat je ze niet misloopt.
- Veel werkgevers leggen de nadruk op universiteiten en technische studies waar schaarste in is. Ze zijn vaak minder geïnteresseerd in niet exacte studies.
- Voor sommige workshops en/of diners moet je vooraf solliciteren. Je kunt er niet vrijblijvend aan deelnemen.

Hoofdstuk 19

E-mail service / job alert

Job alerts zijn gemakkelijk in je zoektocht naar een baan en ze schelen je tijd. Veel baanzoekers starten hun zoektocht 's ochtends door in hun mail de job- en Google alerts te openen en te kijken of daar die ene droombaan tussen staat. Want zodra er een vacature wordt geplaatst bij het bedrijf waar jij een job alert hebt aangemeld, ontvang je melding per e-mail en de link naar de omschrijving. Job alerts sturen je vacatures die voldoen aan het door jou opgegeven profiel. Ideaal en prettig, maar job alerts hebben ook valkuilen.

E-mail service/job alert is een automatisch toegestuurde e-mail van een website waar je je hebt aangemeld, als er bij jouw profiel/wensen/ zoekwoorden passende vacatures gevonden zijn.

19.1 WAAR VIND JE JOB ALERTS?

Op bijna elke vacaturesite kun je je gegevens achterlaten. Job alerts vind je op:

- Algemene vacaturesites (zie hoofdstuk: Vacaturesites).
- Bedrijvensites.
- Niche- en branchesites.
- Google (Google alerts).

VEELGEMAAKTE FOUTEN
1 Je profiel niet goed invullen.
2 Te veel job alerts aanmaken zodat je niet meer weet waar je moet beginnen in je mailbox.
3 Alleen nog de vacatures bekijken die je via de e-mail service in je mail krijgt.

19.2 HOE WERKT EEN JOB ALERT?

Account aanmaken

Bij veel vacaturesites moet je je eerst inschrijven (een account aanmaken) om een job alert aan te kunnen maken. Denk goed na waar je een job alert aan wilt maken. Maak bijvoorbeeld een selectie uit je favorietenlijst met vacaturesites die je eerder hebt gemaakt. Ons advies: maak job alerts aan bij zeker tien van je favoriete vacaturesites, en bij twintig of meer, favoriete bedrijvensites. Verder is het slim om met je Gmail of Google account, meerdere alerts aan te maken op belangrijke zoektermen.

Als je nog geen Google account hebt, lees dan het hoofdstuk over 'zoekmachines'. Daar lees je hoe je een Google account aanmaakt.

Profiel aanmaken

Als je een keuze hebt gemaakt van favoriete sites, maak je
op die sites job alerts aan door een profiel in te vullen.
Zodra er passende vacatures zijn bij jouw profiel, krijg je
deze per e-mail binnen.

OPDRACHT

Stel een goed zoekprofiel op die je gebruikt op de verschillende sites o.b.v.
- Functiebenaming
- Branche waar je wilt werken
- Opleidingsniveau
- Regio
- Aantal werkuren

Ruim zoeken

Vul je profiel 'ruim' in. We bedoelen hiermee dat je
meerdere keuzes aanvinkt (vooral aan het begin van je
zoektocht) en daardoor veel vacatures binnenkrijgt. Kijk
welke vacatures bij je passen en vul van daaruit je profiel
steeds gerichter in. Kies bijvoorbeeld voor een vaste baan
van 40 uur en kijk wat je daarop binnenkrijgt. Pas daarna
je profiel aan naar 36 of 32 uur (zie ook hoofdstuk:
Vacaturesite).

Google alerts

Een andere manier om vacatures automatisch binnen te
krijgen is via Google alerts. Via Google vind je meer
vacatures dan via één specifieke website. Je kunt je
vacatures elke dag in je mailbox laten verschijnen. Je krijgt
dan alle actuele en relevanteresultaten op bijvoorbeeld
'kapper+Rotterdam'. Ga naar google.nl/alerts en vul het
zoekprofiel in.

Je ziet direct aan de rechterkant de resultaten met jouw zoektermen. Zo kun je controleren of je op de goede weg bent en de juiste zoektermen hebt gebruikt.

19.3 VOORDELEN EN NADELEN VAN EEN E-MAIL SERVICE

Voordelen
- Je krijgt automatisch passende vacatures binnen van vacaturesites, nichesites en bedrijvensites.
- Je hoeft niet steeds alle vacaturesites af die interessant voor je zijn. Die sites melden zich een of twee keer per week automatisch bij jou.
- Als je (tijdelijk) werk vindt blijven de interessante vacatures toch binnenkomen. Als je al een baan hebt, kun je op deze manier de arbeidsmarkt gemakkelijk blijven volgen.
- Soms krijg je vacatures binnen via een e-mail service die je anders zelf niet gevonden zou hebben.
- Je krijgt snel door welke sites passend voor je zijn en welke niet.

Nadelen
- Als je je profiel niet goed invult, mis je passende vacatures. Ook wanneer je je profiel 'te krap' invult, mis je vacatures, terwijl als je je profiel 'te ruim' invult je te veel en niet relevante vacatures krijgt.
- Recruiters die de e-mail service aanmaken vanuit de werkgeverskant kunnen foutjes maken en categorieën verkeerd invullen (waardoor jij passende vacatures misloopt).
- Een job alert is geen vervanging van een vacaturesite. Het is een extra service.

FACEBOOK EN LINKEDIN
Steeds vaker kun je met je Facebook of LinkedIn account je aanmelden bij job alerts. Via LinkedIn doe je dat heel gemakkelijk door je zoekopdracht op te slaan. Vervolgens kun je instellen hoe vaak je melding wilt krijgen wanneer er een resultaat is dat aan jouw zoekcriteria voldoet. Dat maakt het gemakkelijk om vacatures te delen in je eigen netwerk en om vacatures te bekijken via je mobiele telefoon (wanneer je bijvoorbeeld Facebook checkt). Probeer het eens, het kan zomaar ideaal voor je zijn.

Vaak zitten in een e-mail service of job alert vacatures die niet relevant lijken, maar het misschien wel zijn. Er is een reden waarom je ze toegezonden krijgt, bijvoorbeeld omdat een zoekterm in de tekst staat (en niet in de functiebenaming).
Loop zorgvuldig door de resultaten en krijg je te vaak niet relevante vacatures dan is ons advies:

- Check je aangemaakte profiel en wensenlijstje en pas aan waar nodig.
- Neem contact op met de site om te kijken waar het mis gaat.

Hoofdstuk 20

Re-integratiebedrijf / outplacementbureau

Het kan iedereen overkomen, je werkgever heeft geen baan meer voor je en biedt je een outplacement traject aan. Prima, want jij wilt zo snel mogelijk een nieuwe baan. Dat kan via een gespecialiseerd outplacementbureau of re-integratiebedrijf (bijvoorbeeld na ziekte). Zij helpen je bij het vinden van een baan en kijken naar competenties, je cv en sollicitatiebrieven.

Een bureau dat je helpt terug te keren op de arbeidsmarkt of dat je van werk-naar-werk helpt.

20.1 SOORTEN RE-INTEGRATIE

Er zijn drie manieren van terugkeren op de arbeidsmarkt:

1. Re-integratie, iemand keert vanuit ziekte of werkloosheid terug naar werk.
2. Outplacement, een met ontslag bedreigde werknemer vindt ander werk of doorloopt een werk-naar-werk traject.
3. Loopbaanbegeleiding, een werkzoekende vindt met behulp van een loopbaanadviseur en/of coach een (nieuwe) baan en/of wordt begeleid bij de loopbaan.

VEELGEMAAKTE FOUTEN

1. Te afwachtend zijn en te veel vertrouwen op de loopbaancoach.
2. Voor een verkeerde of onervaren loopbaancoach kiezen.
3. Geen concrete doelen stellen.

20.2 HOE VIND JE WERK VIA RE-INTEGRATIE/ OUTPLACEMENT?

Coaches worden ervoor betaald jou te helpen bij het vinden van een baan. Ze hebben er belang bij jou aan werk te helpen, maar gaan vaak eerst op zoek naar wie je bent, je blokkades, je interesses en 'je droombaan'. Dit laatste is interessant op het moment dat de banen voor het oprapen liggen. In de huidige arbeidsmarktsituatie is het vooral belangrijk om snel een goede baan te vinden. Nadat je die hebt gevonden, is het slim om na te denken over wat 'je droombaan' zou kunnen zijn.

Nadat mensen zes maanden of langer werkloos c.q. 'in between jobs' zijn, neemt de kans op een nieuwe baan snel af. Deze groep wordt vaker afgewezen bij sollicitaties.

Het is belangrijk dat je niet te afwachtend bent in een loopbaantraject. Neem het heft in eigen hand. Wees duidelijk in wat je verwacht van een loopbaanbegeleider en outplacementbureau.

Kies een bureau
Hier begint je eigen inbreng. Let bij de keuze voor een bureau op de volgende punten:

- Kies een lokaal bureau in de buurt waar je woont of werkt.
- Zorg dat de loopbaanspecialist gecertificeerd is (CMI) en geregistreerd bij de Noloc.
- Controleer of het bureau/de loopbaanadviseur de arbeidsmarkt goed kent.
- Check het profiel van de coach op social media. Wat zijn de recommendations en hoeveel contacten heeft deze persoon?
- Let op de gemiddelde doorlooptijd voordat ze iemand weer aan het werk helpen.
- Zoeken ze met je mee naar relevante vacatures en werkgevers?
- Zijn anderen tevreden over dit bureau?
- Willen ze wekelijks met je om tafel zitten om jouw voortgang te bespreken?
- Starten ze met goede testen om jouw kwaliteiten en vaardigheden toe te passen?
- Kunnen ze meer vertellen over de arbeidsmarkt en waar jou kansen liggen?

DROOMBAAN
Staar je niet blind op je droombaan als je werkloos bent. Het belangrijkste is dat je zo snel mogelijk weer aan het werk komt.

Kies een coach

Meestal mag je bij bureaus zelf een coach uitkiezen. Kijk goed naar de profielen van de coaches en vraag naar hun resultaten. Spreek altijd meerdere coaches voordat je iemand kiest. De klik is belangrijk, maar ook of deze persoon je kan motiveren en inspireren om gemotiveerd te blijven als het tegen zit. Als je merkt dat een coach niet bij je past of niet genoeg voor je doet, kies dan een andere coach.

Vraag ook:
* Wat is ons gezamenlijke plan om mij aan een baan te helpen?
* Hoe kom ik snel aan een baan?
* Wie ken jij (netwerk)?
* Hoe snel ga ik een baan vinden?
* Hoe ga je me helpen om een baan te zoeken?
* Hoeveel recruiters ken je en wanneer heb je voor het laatst zelf mensen aangenomen?
* Kan je mij tips geven over de arbeidsmarkt van nu?

Bedenk of hij/zij en zijn of haar plan bij jou past. Test ze uit. Je kunt bijvoorbeeld zeggen: *Ik zoek zo'n soort baan, welke websites kun je me aanbevelen?* Of: *Welke aanpak werkt het beste als ik zo snel mogelijk weer aan de slag wil?* Maak duidelijk dat je zo snel mogelijk concrete kansen op werk wilt.

Natuurlijk mag er in coaching even ruimte zijn voor het verlies. Dat betekent dat je mag balen, huilen, schelden, boos mag zijn, teleurgesteld, waarom moest dit jou gebeuren etc. Maar na één zo'n sessie ga je beginnen aan je nieuwe toekomst en aan het vinden van een nieuwe baan.

Steeds meer zie je mindfulness terugkomen als ontspanning bij het zoeken van een baan. Kijk of je loopbaancoach je daarbij kan helpen.

Vanuit werk kan je sneller een goede baan vinden dan vanuit werkloosheid. Blijf zolang mogelijk in een werkende situatie.

DE PERFECTE COACH

- Heeft een bewezen trackrecord.
- Luistert naar jouw wensen en is bereikbaar.
- Is pragmatisch (praktisch, nuttig en bruikbaar).
- Stelt doelen en is gericht op resultaat.
- Heeft recente ervaring in het bedrijfsleven,
  bij voorkeur als recruiter.
- Heeft een LinkedIn profiel met veel contacten.
- Is iemand die je echt helpt met het vinden van
  vacatures.
- Prikkelt en stimuleert je.
- Heeft verstand van het vinden van werk en
  de werking van de arbeidsmarkt.
- Kan streng zijn als het nodig is.
- Heeft een eigen website (of bedrijfssite) waar een
  succesvolle aanpak staat van het loopbaantraject.

20.3 VOORDELEN EN NADELEN VAN RE-INTEGRATIE EN OUTPLACEMENT

Voordelen
- Een goede coach kan met je meedenken en je verder helpen.
- Het kan je tot (nieuwe) inzichten brengen en je extra richting geven.
- Het stimuleert je om goede en weloverwogen keuzes te maken.

Nadelen
- Het zijn lange trajecten die veel tijd kosten.
- Het zijn soms onrealistische trajecten waarbij het uitgangspunt is je droombaan te vinden.
- Veel bureaus en adviseurs hebben te weinig of geen verstand van het vinden van een baan en laten dit over aan de werkzoekenden.
- Er gaat soms te veel tijd en aandacht naar 'knuffelen' en te weinig naar 'het concreet vinden van een baan'.

Hoofdstuk 21

Advertentie in etalage

HE**M/V**

HEMA zoekt weekendhulp
zaterdag/koopzondag

meld je nu aan
bij de klantenservice

Het lijkt zo gemakkelijk. Je loopt door de stad en ziet een advertentie achter de winkelruit van je favoriete kledingzaak met 'personeel gezocht'. Druk pratend stap je met je vrienden of vriendinnen naar binnen en vraagt naar de bedrijfsleider. Je geeft hem of haar een hand en zegt dat je interesse hebt. Na een kort gesprek vraagt hij of je je cv bij je hebt. Oeps, daar had je niet aan gedacht. Even later, nadat je nog wat kleding hebt gepast, loop je de zaak uit. Thuis merk je dat je vergeten bent een visitekaartje te vragen aan de bedrijfsleider. Hoe heette hij of zij nou ook alweer...? Lees hier hoe je dit soort fouten kunt voorkomen en meer haalt uit een gesprek met een bedrijfsleider.

21.1 SOORTEN ADVERTENTIES

We zijn er allemaal wel eens langsgelopen in de stad, op een industrieterrein of bij een winkelcentrum: advertenties in ramen en etalages, op bushokjes, bij de Albert Heijn tussen de 'sufferdjes'. Als je goed kijkt, zie je ze overal: op kassabonnen, op bussen en ga zo maar door. Je vindt ze:

- In winkels, restaurants en bedrijven op industrieterreinen.
- In etalages.
- Op billboards en flyers.
- Op ramen en deuren.
- Bij de kassa.
- Op kaartenborden bij supermarkten.
- Bij de informatiebalie in winkels.

VEELGEMAAKTE FOUTEN
1 Onvoorbereid naar binnen lopen.
2 Met vrienden de winkel ingaan.
3 Niet nabellen nadat je je cv hebt achtergelaten.

Neem eventueel je cv en je visitekaartje mee of ga een uur later terug. Er wordt bijna altijd naar gevraagd en het is professioneel om dit cv bij je te hebben.

Geen advertentie bij de kassa of in de etalage, betekent niet dat er geen vacatures zijn. Je kunt nog steeds de winkel, het restaurant of bedrijf binnenlopen en vragen of ze mensen zoeken. Soms heb je meteen een 'nee', soms kun je je inschrijven, soms kun je je cv achterlaten en soms heb je een 'ja' (zie ook hoofd-stuk: Bedrijf binnenlopen / bedrijf bellen).

21.2 HOE SOLLICITEER JE VIA EEN ADVERTENTIE IN DE ETALAGE?

De allerbelangrijkste tip die we je hier kunnen geven is: loop nooit meteen en onvoorbereid een winkel in. Maak nog een rondje door de stad of ga een uurtje later terug. Dit geeft je tijd om vragen te bedenken en na te gaan wat je uit het gesprek wilt halen. Wil je eerst meer informatie of wil je meteen solliciteren? Wat je natuurlijk wel kunt doen is even de winkel ingaan om de sfeer te proeven, om te kijken hoe het personeel met je omgaat.

Vragen
Denk na of je jezelf in die winkel ziet staan. Vragen die je kunt stellen zijn:

- Staat de vacature nog open?
- Voor hoeveel uur is de baan?
- Wat zijn de werkdagen en werktijden?
- Hoe kom ik in aanmerking voor de baan?

Vertel dat je geïnteresseerd bent in de vacature en leg uit waarom, 'de winkel spreekt me aan omdat...'.
Vraag of er een mogelijkheid is om een afspraak te maken voor een gesprek.

Indruk
Als je een winkel inloopt, naar het personeel dat er werkt kijkt en praat met de bedrijfsleider, kun je een goede indruk krijgen. Laat zelf ook een goede indruk achter:

- Draag passende kleding.
- Geen kauwgom in je mond.
- Geen koptelefoon op.
- Kijk geïnteresseerd rond.
- Zorg dat je enthousiast overkomt.

21.3 VOORDELEN EN NADELEN VAN SOLLICITEREN VIA EEN ADVERTENTIE IN DE ETALAGE

Voordelen
- Je ziet meteen of er vacatures zijn.
- Je kunt (als je goed bent voorbereid) naar binnen gaan en reageren. Het kan snel gaan.
- Je kunt de sfeer proeven van je mogelijk toekomstige werkplek.

Nadelen
- Als de winkel open is en het is druk, dan kun je niet meteen een gesprek met de bedrijfsleider hebben.
- Je hebt vaak niet de informatie zoals in een vacature (hoeveel uur, vast/parttime) etc. Daar moet je naar vragen.
- Het kan zo snel gaan dat je onvoorbereid een sollicitatiegesprek hebt met de bedrijfsleider.
- Sommige organisaties hebben vacatures zonder dat ze deze in de etalage hangen.

GOUDEN TIP
Ga alleen die winkels binnen die bij je passen qua interesse en sfeer. Dat vergroot de kans op succes.

Hoofdstuk 22

Vakblad en tijdschrift

De papieren reus Intermediair sneuvelde in 2012. Het was het grootste gratis weekblad voor hoger opgeleiden in Nederland met een oplage van ruim 150.000 exemplaren. Tientallen jaren was het een icoon voor hoger opgeleiden om er een baan in te vinden. Carp* ging al in 2005 ten onder aan het digitale geweld. Dit soort vakbladen draaide vooral op inkomsten uit personeelsadvertenties, maar met de komst van internet is dat drastisch veranderd. Vakbladen die zich niet specifiek op vacatures richten, zoals Adformatie en Pw De Gids, houden nog wel stand. In dit hoofdstuk geven we je tips over waar je vakbladen kunt vinden en hoe je ze kunt inzetten om aan een nieuwe baan te komen.

Voor de vacatures hoef je geen vakbladen meer te lezen. Toch mogen vakbladen niet ontbreken in je zoektocht naar een baan. Schrijf de vakbladen die je leest bijvoorbeeld op je cv of word lid van de LinkedIn Group die bij het vakblad hoort. Zo laat je je nieuwe werkgever zien dat je inhoudelijke informatie leest en op de hoogte bent van de laatste ontwikkelingen.

22.1 HOE VIND JE DE JUISTE VAKBLADEN?

Branches en beroepsgroepen hebben allemaal hun eigen vakbladen. Dat zijn er teveel om hier op te noemen.

Verder kun je:
- Mensen in je beroepsgroep vragen welke bladen zij lezen en goed vinden.
- Via Google zoeken; typ '(vakblad or tijdschrift)' en daarachter de branche of het functiegebied waarin je wilt zoeken. Bijvoorbeeld '(vakblad or tijdschrift) and

Een vakblad is een tijdschrift dat gewijd is aan een bepaald beroep of vak, een bepaalde branche, sector of studie.

VEELGEMAAKTE FOUTEN
1 Geen vakbladen lezen.
2 Vakbladen kopen voor de vacatures.
3 Een abonnement hebben, maar het vakblad niet lezen.
4 De internetsite van het vakblad niet gebruiken voor vacatures.

Op de hoogte zijn van je vakgebied is belangrijk als je solliciteert. Het laat zien dat je een volwaardige gesprekspartner bent die op de hoogte is van de laatste trends, ontwikkelingen en actualiteiten.

EEN KLEINE INDRUK VAN DIVERSE BLADEN:

Adformatie: vakblad over reclame, marketing en media
Binnenlands Bestuur: blad voor ambtenaren en bestuurders bij de overheid
Computable: tweewekelijks zakelijk tijdschrift met (nieuws)berichten over ICT voor ICT'ers
Villamedia Magazine: vaktijdschrift voor journalistiek en communicatie

zorg'. Of als je 'tijdschrift zorg' intypt, doet Google zelfs al voorstellen voor titels in de zoekbalk.
- Op LinkedIn, blogs of forums kijken welke bladen er in jouw vakgebied gelezen worden of dit vragen in de verschillende LinkedIn Groups.

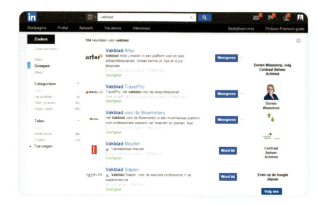

22.2 HOE GEBRUIK JE VAKBLADEN?

Vakbladen zijn zeker interessant als je aan het solliciteren bent. Er worden bedrijven en personen in genoemd die inspirerend zijn of waarbij kansen op werk liggen. Je zou eens op hun bedrijvensite kunnen kijken en de personen opzoeken op LinkedIn.

Gebruik vakbladen ook voor inspiratie!

Je kunt nog een stap verder gaan door in contact te komen met de bedrijven of geïnterviewden om te netwerken. Een artikel dat je goed vindt, kun je prima als aanleiding gebruiken voor een eerste contact met een bedrijf of persoon. Iedereen vindt het leuk om een compliment te krijgen naar aanleiding van een publicatie.

Uitgebreide verhalen

In een vakblad staan vaak andere en meer uitgediepte verhalen dan op het internet. Bovendien kun je kijken welke bedrijven in het blad adverteren, over welke organisaties er nog meer geschreven wordt, welke personen geïnterviewd worden en of er interessante beurzen of congressen in genoemd worden waar je naartoe kunt gaan. Inhoudelijk word je er zelf ook beter van om vakbladen te lezen.

Snuffelen

Het leuke van bladen en tijdschriften is dat je ze kunt bewaren en er doorheen kunt snuffelen. Ook oude nummers zijn interessant (tot maximaal één jaar terug). Je vindt er misschien net dat ene artikel of de naam van die ene persoon waardoor je een nieuw spoor hebt in je zoektocht.

VIJF TIPS

1   Lees je een vakblad waar voor jou nog interessante vacatures in staan, lees het blad dan zodra het op je deurmat valt.
2   Noem bij je sollicitatiegesprek het aansprekende artikel dat je over het bedrijf las.
3   Schrijf zelf een artikel of blog voor een vakblad als je een interessante visie hebt op je vakgebied. Zichtbaarheid vergroot je kans op de arbeidsmarkt. Daarbij mag je onderaan het artikel zetten dat je openstaat voor nieuwe kansen op de arbeidsmarkt. Jouw visie is dan ook jouw visitekaartje.
4   Mail de redacteur van een artikel dat je het een goed verhaal vond en vraag of hij misschien weet of ze bij dat bedrijf of andere bedrijven in die branche mensen zoeken.
5   Zoek de bedrijven waarover je leest online op en kijk of ze vacatures hebben of stuur een open sollicitatie.

Tijdelijk abonnement

Vakbladen zijn meestal duur. Om toch aan je vaklitera-
tuur te komen kun je ervoor kiezen om je voor een
bepaalde tijd op een vakblad te abonneren. Denk aan
een proefabonnement of bijvoorbeeld een half jaar
abonnement. Ook kun je naar de bibliotheek gaan of
informeren bij je (oud-)collega's of ze vakbladen lezen.
Vraag wat ze lezen, knik enthousiast, kijk ze daarna lief
aan en vraag of je hun bladen mag lenen.

22.3 VOORDELEN EN NADELEN VAN ZOEKEN VIA VAKBLADEN EN TIJDSCHRIFTEN

Voordelen

- Je kunt nummers bewaren en terugkijken.
- Het lezen van vakbladen geeft je een bepaalde status,
  het laat zien dat je serieus bezig bent met je vak.
- Je kunt verrassende werkgevers tegenkomen in
  vakbladen.
- Vakbladen hebben vaak een online community waar
  je met vakgenoten kan communiceren.

Een vakblad heeft vaak
een website en een fysieke
oplage. Gebruik ze allebei,
want beide hebben unieke
verhalen en informatie.

Nadelen

- Er staan nauwelijks nog vacatures in vakbladen.
- Vacatures kunnen verlopen zijn als jij het blad
  koopt of leest.
- Sommige bladen hebben een te lage
  verschijningsfrequentie voor actuele vacatures.

Hoofdstuk 23

Bedrijfspresentatie / open dag

Veel mensen kennen de open dag van voetbalclubs wel, waarbij de nieuwe spelers per helikopter worden ingevlogen en gepresenteerd aan het publiek. Hoe leuk zou het zijn als jij met een helikopter een open dag kon bezoeken. Dit zal niet snel gebeuren, maar er worden wel veel open dagen georganiseerd waar je - per auto, bus, trein - en tegenwoordig ook online naartoe kunt gaan. Mogelijk organiseert jouw toekomstig werk-gever een open huis of presentatie. Misschien niet om direct nieuwe collega's te werven, maar wel om kennis te maken.

Een bedrijf laat zichzelf zien; je kunt kennis maken met het bedrijf en met de medewerkers.

Tijdens een open dag of bedrijfspresentatie kom je heel wat te weten over het bedrijf waar je graag wilt werken. Het eerste contact is gelegd. Dit helpt je zeker bij het solliciteren.

23.1 SOORTEN OPEN DAGEN

Je hebt:

1   De open dag bij het bedrijf zelf.
2   De open dag, beurs/event waarop meerdere bedrijven zich presenteren.
3   Een open dag die door de hele sector wordt georganiseerd, zoals in de zorgbranche, bij waterschappen, een energiebeurs of bijvoorbeeld op de Wereldhavendagen in Rotterdam.
4   De bedrijfspresentatie: het bedrijf komt naar een bijeenkomst of op een locatie om zichzelf te laten zien.

VEELGEMAAKTE FOUTEN
1   Onvoorbereid naar een open dag gaan.
2   Geen vragen stellen.
3   Het zien als een uitje in plaats van een manier om een nieuwe baan te vinden.

23.2 HOE VIND JE OPEN DAGEN?

Interessante open dagen vind je:

- Op websites van bedrijven.
- Via advertenties en nieuwsberichten in kranten.
- Op carrièrebeurzen.
- Via reclame op billboards en op de radio.
- Via het UWV.
- Via uitzendbureaus.
- Via via.

23.3 HOE WERKT EEN OPEN DAG OF BEDRIJFSPRESENTATIE?

Tijdens een open dag presenteert het bedrijf zich of, als het een groter bedrijf is, presenteren verschillende bedrijfs-onderdelen zich. Dit gaat met behulp van stands en presentaties. Je kunt meelopen en meekijken en bijvoorbeeld workshops volgen. Soms is een organisatie onderdeel van een groot event, zoals de Wereldhavendagen, Offshore Energy Conference of de Dutch Design Week en de Landmachtdagen. Je kunt er kennis maken of je interesse laten zien, het hoeft niet altijd meteen om werk te draaien. Congressen, conferenties, commerciële presentaties of (informele) borrels kunnen ook een uitstekende start van een kennismaking zijn.

Dagprogramma
Soms pakt een bedrijf het grondig aan en is er een dagprogramma. Dit bestaat vaak uit presentaties, rondleidingen, een meet & greet met de directie en toekomstige collega's en een afsluitende borrel.

Speeddaten/solliciteren binnen één dag
Iets dat tegenwoordig door bedrijven wordt gedaan is het zogenaamde speeddaten. Dit gaat veel verder dan

CV
Neem altijd je cv mee naar een open dag. Er kan een mogelijkheid zijn om het achter te laten.

vrijblijvend kennismaken, je bent meteen aan het solliciteren. Met je cv op zak voer je meerdere gesprekken op een dag, afgewisseld met presentaties, een lunch en mogelijk een assessment. Als het heel goed gaat heb je zelfs al een arbeidsvoorwaardengesprek. Aan het eind van de dag weet je: ik ga hier wel of niet werken.

Voorbereiden
Bedenk voordat je naar de open dag gaat wat je wilt zien en vragen. Kijk ook altijd even op de website van het bedrijf om je in te lezen. Let op dat je nette kleding draagt; je krijgt een indruk maar laat ook een indruk achter. Neem je cv mee.

De bijeenkomst
Als er meerdere bedrijven zijn die zich presenteren ga je de stands actief langs (niet slenteren). Je maakt een praatje en stelt de vragen die je hebt voorbereid. Probeer de bedrijfscultuur van het bedrijf te leren kennen.

Het kan ook zo zijn dat er een bijeenkomst is waar je je mening mag geven. Doe dat, een visie op een bedrijf wordt gewaardeerd, zeker met een compliment.

WELKE VRAGEN STEL JE?

- Wat zijn zaken die momenteel bij jullie spelen?
- Wat is voor jullie een goede collega?
- Doen jullie als bedrijf iets naast het werk?
- Kan ik een medewerker spreken die op mijn toekomstige afdeling werkt?
- Waar letten jullie op bij het aannemen van een nieuwe medewerker?
- Kan je iets vertellen over de sfeer binnen de organisatie

Open dag van meerdere bedrijven
Bij een event waar meerdere bedrijven zich presenteren, zoals een banenbeurs, bekijk je vooraf bij welk bedrijf je wilt luisteren. Je voorkomt zo dat je in de zaal zit bij een bedrijf waarin je niet in geïnteresseerd bent.

Netwerkborrel

Na een open dag of bedrijfspresentatie is er vaak een borrel. Zorg dat je erbij bent en drink gerust een glaasje mee. Je kunt de medewerkers van het bedrijf gemakkelijker aanspreken en de setting is vaak informeel. Pas op dat je niet te veel alcohol drinkt of veel hapjes eet; denk aan de indruk die je wilt maken. Je wordt bekeken en beoordeeld (wie stelt er goede vragen, durft de sollicitant op iemand af te stappen, etcetera). Borrelen is ook een sollicitatieactiviteit. Bedenk vooraf wat je wilt vragen aan de medewerkers van het bedrijf.

Als je aan het einde van de dag een evaluatieformulier moet invullen, doe dit dan serieus en nauwkeurig.

LINKEDIN

Kijk voordat je naar de open dag gaat op LinkedIn of er bij het bedrijf mensen werken die jij kent. Het is goed om tijdens de open dag naar deze mensen te vragen of ze aan te spreken. Je voorbereiden via social media is gemakkelijk, want je herkent mensen al aan hun foto en kunt gericht je vragen stellen. Je laat bovendien zien dat je je goed hebt voorbereid en serieus bent in het vinden van een baan.

23.4 VOORDELEN EN NADELEN VAN OPEN DAGEN

Voordelen

- Je krijgt een kijkje in de keuken van het bedrijf en kunt de sfeer proeven.
- Je kunt meteen met mensen van het bedrijf praten en zien wie er werken.
- Je krijgt een indruk van hoe het er in het bedrijf aan toegaat en je kunt zelf een goede indruk achterlaten.
- Het is een leuke manier om informeel met medewerkers te praten.

Nadelen

- Je bent met mensen die allemaal interesse hebben in het bedrijf, de aandacht van de medewerkers van het bedrijf moet verdeeld worden over veel mensen.
- Het bedrijf dat de open dag organiseert schept vaak een mooier beeld dan de werkelijk.
- Door de drukte op een open dag kun je misschien niet de vragen stellen die je wilde stellen of met de juiste mensen praten.

23.5 JE BENT OP DE OPEN DAG EN DAN...

Je hebt presentaties gevolgd, goed om je heen gekeken tijdens de rondleiding en met leuke mensen gesproken. 'Ja, hier zou ik best willen werken.' Probeer dan die dag een vervolgactie te regelen. Dit kan zijn dat je met bijvoorbeeld iemand van HR, de lijnmanager, de afdelingsmanager of de algemeen directeur afspreekt dat je je cv mailt, nog eens belt of later die week langskomt om nader kennis te maken.

50+ / NET AFGESTUDEERD
Juist voor mensen met meer of minder werkervaring zijn open dagen of bedrijfspresentaties goede momenten om bij een bedrijf binnen te komen. En dus niet op basis van je leeftijd of ervaring al vooraf afvallen.

Hoofdstuk 24

Carrièrebeurs / banenbeurs

Een carrière- of banenbeurs is meer dan een gezellige bijeenkomst tussen werkgevers en toekomstige werknemers. Je kunt er bedrijfs-presentaties volgen, speeddaten met werkgevers, workshops en sollicitatietrainingen volgen. Die gaan bijvoorbeeld over solliciteren, social media, cv check en personal branding (laten zien wie je bent).

Uit een onderzoek tijdens de Nederlandse Carrièredagen bleek dat bezoekers naar de beurs kwamen om informatie te vinden over werkgevers en vacatures, een stageplek te vinden, mee te doen aan workshops en trainingen en te netwerken. Een carrièrebeurs is een perfecte plaats om gemakkelijk werkgevers te ontmoeten en alvast je cv achter te laten. Een werkgever zoekt juist de perfecte kandidaat voor nu en de toekomst.

De bekendere carrièrebeurzen in ons land zijn:

- Nederlandse Carrieredagen.
- Het Careerevent.
- Young Professionals United.
- Navingo Career Event.

24.1 SOORTEN CARRIÈREBEURZEN

Carrièrebeurzen heb je in alle soorten en maten. Wij zetten er hier een aantal op een rijtje:

1. Beurzen voor scholieren, studenten en starters.
2. Beurzen voor hoger opgeleiden.
3. Beurzen gericht op een branche, bijvoorbeeld zorg, overheid, techniek of maritiem.
4. Beurzen voor ww'ers (vanuit het UWV).
5. Beurzen voor mensen die van baan willen wisselen.
6. Beurzen vanuit universiteiten en/of studierichtingen.

Een carrière- of banenbeurs is een evenement waar je meerdere werkgevers kunt ontmoeten.

VEELGEMAAKTE FOUTEN
1. Onvoorbereid naar een beurs gaan.
2. Een slechte eerste indruk achterlaten.
3. Er heengaan voor de gezelligheid en de cadeautjes in de stands.

7 Beurzen voor vrouwen, expats, buitenlanders en promovendi.
8 Beurzen voor specifieke leeftijdsgroepen, bijvoorbeeld 45-plussers, 50-plussers.
9 Carrièredagen/banenbeurs bij bedrijven.
10 Regionale banenbeurzen.

24.2 HOE VIND JE DE JUISTE CARRIÈREBEURS?

Als je op Google het woord 'carrièrebeurs' intypt, zie je alle grote beurzen in Nederland. Wil je gerichter zoeken, typ dan 'carrièrebeurs' met daarachter de 'branche', het 'beroep' of de 'studie' waar je interesse ligt. Je kunt ook op steden zoeken, typ dan bijvoorbeeld 'Carrièrebeurs Utrecht', of 'Banenbeurs Rotterdam'.

Andere manieren om erachter te komen waar beurzen zijn is via billboards in de stad of langs de weg, via het UWV, in kranten, social media of op websites als jaarbeurs.nl en jobnet.nl/carrierebeurzen. Op ROC's, hogescholen en universiteiten wordt ook geadverteerd voor en door beurzen.

DRIE TIPS VOOR SUCCES

1 Kijk op de website van de beurs welke bedrijven er staan. Bekijk de sites van die bedrijven en bereid je voor: stel een vragenlijst op, maak een agenda en een looproute.
2 Stel jezelf een doel, bijvoorbeeld 'met welk bedrijf wil ik gaan praten om deze dag een succes te laten zijn' of 'ik wil met vijf werkgevers praten'. Weet waarom je deze werkgevers wilt spreken.
3 Ga vroeg in de ochtend, bijvoorbeeld een uur na het openen van de hal. Het is het rustigste moment van de dag. Jij en de standmedewerkers zijn nog fris en scherp.

24.3 HOE WERKT EEN CARRIÈREBEURS?

Een carrièrebeurs is meestal in een grote hal, zoals Ahoy, Jaarbeurs of de RAI, waar bedrijven zich presenteren in hun stands. Het is een laagdrempelige manier om werkgevers te ontmoeten. Bij sommige beurzen kun je naar binnen lopen, bij andere moet je je van te voren aanmelden.

Voorbereiding
De meest gemaakte fout bij mensen die naar een carrièrebeurs gaan is dat ze onvoorbereid zijn. Als je serieus solliciteert, is een carrièrebeurs dé manier om contact te leggen met het bedrijf waar je wilt gaan werken en om een stapje voor te krijgen op andere sollicitanten. Je praat direct met een mogelijke werkgever. Je hebt dus ook de kans om een goede indruk te maken. Het is een manier om je te oriënteren, maar beschouw alle gesprekken die je aanknoopt als een netwerkgesprek of sollicitatiegesprek. Dit is wat je kunt doen om je kans op succes groter te maken:

- Ga er uitgerust heen, je staat en praat de hele dag.
- Ga met plezier. Beurzen zijn leuk en geven energie.
- Bedenk vooraf wat je wilt vragen en schrijf die vragen ook op.
- Neem pen en papier mee.
- Neem een aantal kopieën van je cv mee.
- Neem visitekaartjes mee (als je ze niet hebt, maak ze dan zelf of laat ze maken).
- Volg workshops die je interessant lijken.
- Zorg dat je er netjes en verzorgt uitziet.
- Neem pepermuntjes mee.
- Als je je vooraf kunt aanmelden doe dit dan. Vaak krijg je informatie van bedrijven die je alvast door kunt lezen.

WAT KAN JE VRAGEN?

- Wat zijn de belangrijkste uitdagingen voor uw bedrijf?
- Waarom bent u er trots op om bij dit bedrijf te werken?
- Kunt u iets vertellen over de (groei)mogelijkheden bij uw bedrijf?
- Zijn er dingen die ik moet weten over uw bedrijf die niet op uw website staan?
- Wat zoekt u in een kandidaat?
- Heeft u relevante vacatures?
- Mag ik mijn cv achterlaten?
- Mag ik uw naam gebruiken bij mijn sollicitatie?
- Mag ik u connecten op LinkedIn?
- Mag ik u bellen om eens te praten over mogelijkheden?
- Mag ik uw visitekaartje?
- Wat moet ik doen om bij uw bedrijf op gesprek te mogen komen?
- Zijn er opleidings- of stagemogelijkheden binnen uw bedrijf?

- Denk na over een kort praatje over jezelf (Elevator pitch, zie hoofdstuk: Netwerk), waarin je zegt wat je werkervaring is en waar je goed in bent. Weet ook waarom je het bedrijf interessant vindt. Oefen hardop.
- Bedenk vooraf hoe je ervoor zorgt dat potentiële werkgevers jouw aan het einde van de dag nog onthouden.

Als je binnenkomt bij de beurs ontvang je vaak een programma van de dag of een beurskrant. Neem de tijd om die door te nemen. In het programma staan actuele zaken en tijden van workshops die je wilt volgen. Controleer of het past in de planning die je vooraf hebt gemaakt en pas zo nodig je planning aan.

Afscheid nemen
Je hebt met iemand gepraat. Geef hem of haar een hand en bedank hem of haar voor het gesprek. Probeer, zeker als het klikte, een vervolgafspraak te maken. Bijvoorbeeld dat je je cv mag opsturen, een keer mag bellen, connecten op LinkedIn of langs mag komen voor een gesprek.

Klikte het niet met die persoon, drijf niet door. Loop een uur later nog een keer de stand, misschien staat er iemand anders die je kunt aanspreken.
Heb je na een gesprek met een werkgever geen goed gevoel? Of denk je dat het niets voor je is? Zeg dat dan eerlijk en bedank die persoon voor zijn of haar tijd.

Na de beurs
Volg je gemaakte afspraken binnen twee dagen op en breid je netwerk uit: nodig bijvoorbeeld de mensen die je gesproken hebt uit op LinkedIn om te connecten en mail ze dat je een leuk gesprek met ze hebt gehad. Verwijs naar iets uit het gesprek zodat iemand herinnert wie je bent.

24.4 VOORDELEN EN NADELEN VAN EEN CARRIÈREBEURS/BANENBEURS

Voordelen
- Er zijn veel bedrijven op één plek, op één dag.
- Alle bedrijven willen je graag spreken.
- Je hebt meteen contact met mogelijke werkgevers.
- Er staan recruiters die je om advies kunt vragen of die je kunnen doorsturen naar iemand anders.
- Je kunt een goede eerste indruk maken.
- Je ziet meer van een bedrijf (sfeer, soort mensen) dan als je alleen hun website bekijkt.
- Je er allerlei workshops volgen die jou voorzien van tips en feedback.

Nadelen
- Het is groot en kan erg druk zijn.
- Niet alle bedrijven die er staan zijn interessant voor jou.
- Soms krijg je geen goed beeld van een bedrijf en houden ze een reclamepraatje.

BUSINESS COURSE
Bedrijven die vooral met studenten en starters kennis willen maken doen dat soms via een 'business course'. Tijdens deze dagen gaat het vooral om het uitwisselen van kennis. Het bedrijf vertelt over zichzelf, wat ze doen en wat er de carrièremogelijkheden zijn. Ze kunnen talent ontdekken bij de deelnemers en hen daarna volgen om ze ooit in dienst te nemen. Voor jou als werkzoekende is een business course interessant om te netwerken en te kijken of je bij het bedrijf zou willen werken. Let op, deze bijeenkomst is een sollicitatie-activiteit. Bereid je dan ook goed voor.

GOUDEN TIP
Maak visitekaartjes met je foto erop. Een gezicht onthouden mensen vaak beter dan een naam.

Hoofdstuk 25

Stage

Stages zijn voor studenten en starters een interessante manier om werk en werkgevers te leren kennen. Voor meer ervaren talenten en 50-plussers zijn er tegenwoordig stages ook interessant om nieuwe kennis en vaardigheden op te doen; het kan een goede manier zijn om richting een nieuwe baan te gaan. We zoomen in op deze twee groepen, hoe je een goede stageplek vindt en het meeste uit je stage haalt.

Een periode werken als onderdeel van je opleiding om zo het geleerde in praktijk te brengen of een periode werken om je cv aan te vullen.

25.1 SOORTEN STAGES

Het doel van een stage is meestal werkervaring opdoen. Je hebt:

1. **Een meeloopstage:** je loopt in het bedrijf mee om te kijken wat het bedrijf doet, welke afdelingen en functies er zijn; kortom om het bedrijf en je (toekomstige) beroep beter te leren kennen.
2. **Een werkstage:** je werkt binnen het bedrijf aan een opdracht, dit kan een opdracht voor het bedrijf zijn of voor je opleiding.
3. **Een afstudeerstage:** je voert een onderzoek uit voor het bedrijf met als doel om af te studeren.
4. **Een vrijwilligersstage:** je loopt ergens mee om ervaring op te doen en om tijdens of vanuit de stageplaats aan een baan te komen.
5. **Een snuffelstage:** je kijkt een korte periode (paar dagen) rond bij een bedrijf.
6. **De beroepspraktijkvorming:** Je loopt stage bij een erkend leerbedrijf tijdens je studie.
7. **Een ervaringsstage:** je wilt nieuwe vaardigheden en competenties leren en gaat stage lopen om aan deze kennis te komen.

VEELGEMAAKTE FOUTEN
1. Niet genoeg uit je stage halen.
2. Geen initiatief nemen (wachten tot anderen zeggen wat je kunt doen).
3. Stage lopen en niet solliciteren.

25.2 SOORTEN STAGEZOEKERS

Starters op de arbeidsmarkt
Stage lopen is niet bij iedere opleiding verplicht. Het is wel goed om te doen, want een stage is een belangrijke schakel tussen je opleiding en de arbeidsmarkt. Stages kunnen je duidelijkheid geven over wat je kunt, wat je leuk vindt en welk soort bedrijf bij jou past (of juist niet bij jou past). Je kunt theoretische kennis in de praktijk brengen, ervaring opdoen met solliciteren, je netwerk opbouwen, werkervaring opdoen voor je cv en misschien al aan een baan komen.

Ervaren talent, zoals 50-plussers
Een gewild cv is belangrijk bij het vinden van een baan. Een gewild cv betekent dat op je cv actuele kennis en vaardigheden staan waar werkgevers naar vragen. Bijvoorbeeld bepaalde computervaardigheden, technische kennis of unieke en schaarse competenties en ervaring (zoals ervaring in een bepaalde branche). Stage lopen kan een perfecte manier zijn om aan deze kennis en ervaring te komen of om je kennis en ervaring te verbeteren. Stage lopen is ook een prima manier om je visitekaartje af te geven bij een werkgever. Die kan zo goed zien en ervaren wat jij in je mars hebt. In alle gevallen is het een win-win relatie: voor de werkgever omdat je voor niets werkt, voor jou omdat je je kansen op de arbeidsmarkt vergroot. Zorg er wel voor dat je door kunt gaan met solliciteren. Doe dit in je eigen tijd.

STAGE
Op stageplaza.nl, stages.nl en stageadres.nl vind je allerlei soorten stages.

25.3 HOE VIND JE DE JUISTE STAGEPLAATS?

Bedrijven of organisaties waar je stage kunt lopen vind je via het stagebureau van je opleiding, decanen, studenten- en studieverenigingen, campusrecruitment, je netwerk, bedrijfspresentaties, via het uitzendbureau (als ze geen passende vacatures hebben, vraag dan of je ergens stage kunt lopen om werkervaring op te doen), op de websites van bedrijven of via internet. Voor ervaren talent geldt: als het bedrijf waar je graag wilt gaan werken nu geen baan heeft, vraag dan of je er drie tot zes maanden stage kunt lopen.

Hoe kom je aan een stageplek die bij je past?

- Bedenk waar je stage wilt lopen en denk na over het soort stage: wat wil je leren/doen en hoe kun je dit bereiken?
- Praat met je decaan, stagebureau of netwerk.
- Vraag rond in je netwerk waar jij met jouw opleiding en achtergrond stage kunt lopen.
- Maak een cv en neem dit mee als je binnenloopt of een afspraak hebt.
- Bel de bedrijven die je leuk lijken om stage te lopen op.
- Durf bij bedrijven binnen te lopen en vraag naar de mogelijkheden. (zie hoofdstuk: Bedrijf binnenlopen / bedrijf bellen).

Wanneer je eenmaal een afspraak hebt met een bedrijf om te komen praten vraag dan:

- Wat voor soort stage is het?
- Bij een meeloopstage: Kan ik op verschillende afdelingen meelopen?
- Krijg ik een stagebegeleider?
- Kunnen we samen een plan maken voor mijn stage?

Regel een wekelijks gesprek (of vaker als dat lukt) met je stagebegeleider om te bespreken hoe het gaat en of je genoeg leert en bereikt.

Stagiair zoekt begeleiding

25.4 HOE HAAL JE HET MEEST UIT DE STAGE?

Als je eenmaal een stageplaats hebt geregeld, is het belangrijk dat je je snel thuis voelt binnen een bedrijf. Je bent er maar kort, kunt er veel leren en het is een kans om jezelf te laten zien. Hier volgen nog wat tips om meer uit je stage te halen.

STAGE OF MEER...

- Stel veel vragen, zorg dat je veel kennis krijgt.
- Bouw via je collega's je netwerk uit, ga met ze linken op LinkedIn.
- Zoek uit of je na je stage misschien voor het bedrijf kunt werken. Dit kun je voor, maar ook tijdens je stage bespreken: 'Kan ik hier blijven? Wat zijn de mogelijkheden?'
- Je eerste gesprek over je stage bij een bedrijf is een sollicitatiegesprek; bereid je dus goed voor (zie ook hoofdstuk: Uitzendbureau).
- Vraag of je na het behalen van je diploma nog een keer (betaald) stage mag lopen om meer werkervaring op te doen.
- Zorg dat je feedback krijgt van het stagebureau. Vraag ze om advies voor je stage en voor als je straks een baan zoekt.
- Doe meer dan van je gevraagd wordt. Val in positieve zin op en loop er niet de kantjes vanaf.
- Vraag om een getuigschrift bij je stagebegeleider.
- Vraag of je stage betaald wordt en of er een reiskostenvergoeding is. Soms zien bedrijven stages als lastig omdat het veel tijd kost. Stel je meewerkend op. Geld krijgen is leuk maar als je het niet krijgt is dat niet zo erg, je doet ervaring op en daar gaat het om.

25.5 VOORDELEN EN NADELEN VAN EEN STAGE

Voordelen
- Via je stage kun je een baan vinden.
- Je kunt relevante werkervaring opdoen.
- Je kunt bij bedrijven binnen kijken.
- Bij een stage via je opleiding is het eerste contact met het bedrijf vaak al gelegd.
- Als werkzoekende kun je via stages werkervaring opdoen. Je blijft op de arbeidsmarkt.
- Je bouwt een nieuw netwerk op (zie hoofdstuk: Netwerken).
- Je weet of je wel of niet bij het bedrijf zou willen werken.

Nadelen
- Sommige bedrijven hebben te weinig werk of te weinig tijd voor het begeleiden van een stagiair.
- De stage kan niet uitdagend genoeg zijn.
- Het is voor een korte tijd.

STAGES NEMEN ONZEKERHEID BIJ WERKGEVERS WEG ALS HET GAAT OM ERVAREN TALENT

Het aannemen en inwerken van nieuwe medewerkers kost werkgevers en organisaties veel tijd en geld. Ze zijn voorzichtig, zeker als ze niet honderd procent overtuigd zijn van de nieuwe medewerker. Deze overtuiging is in het nadeel van ervaren talent omdat er (onterecht) vooroordelen leven bij werkgevers over bijvoorbeeld 50-plussers. Een stage kan dan een uitstekende manier zijn om deze vooroordelen weg te nemen. Tegelijkertijd biedt het je alle kansen om nieuwe ervaringen op te doen, een netwerk op te bouwen en meer kans te maken op een baan omdat je zoekt vanuit een dienstbetrekking.

Hoofdstuk 26

Internationaal werken

De internationale arbeidsmarkt groeit en het wordt steeds gemakkelijker om in het buitenland een baan te vinden. Websites als Google, Indeed, Stepstone, Monster, LinkedIn, Facebook dragen daaraan bij. Wanneer je de hele wereld ziet als toekomstig gebied om te werken, wordt het lastig om een baan te vinden. Focus is belangrijk. Stel jezelf daarom eerst vragen als: waar wil ik gaan werken: in welk land, in welke regio of stad, bij welk bedrijf? En, welke taal spreken ze in die regio? Dit maakt je zoektocht een stuk gerichter. Denk goed na over waarom je weggaat. Wat zijn je drijfveren om ergens (opnieuw) te beginnen. Besef dat het niet gemakkelijk zal zijn en dat er veel regelgeving bij komt kijken. Verdiep je daar goed in. Wij geven je alvast wat bruikbare tips mee.

26.1 HOE VIND JE EEN BAAN BUITEN NEDERLAND?

Startpunten

Om je goed voor te bereiden op werken in het buitenland moet je zoals gezegd eerst weten waar je wilt werken en daarna op zoek gaan naar informatie. Kijk eens op de volgende websites over leven en werken in het buitenland:

- emigratiebeurs.nl
- minbuza.nl (Ministerie van Buitenlandse Zaken)
- werk.nl
- ec.europa.eu/eures
- sites van diverse ambassades

Wereldwijde websites

Internationale vacatures vind je op:

- the-network.com
- linkedin.com
- indeed.com

VEELGEMAAKTE FOUTEN

1 Onderschatten hoe het is om in het buitenland te gaan wonen en werken en alles achter te laten.
2 Niet of onvoldoende voorbereid zijn.
3 Een baan in een andere cultuur, met andere gebruiken, onderschatten.

- edukans.nl
- monster.com

Emigratiebeurs.nl

De Emigratiebeurs is met tienduizend bezoekers Europa's grootste evenement voor emigranten, expats, werk-zoekenden, ondernemers en andere landverhuizers. Ruim honderdvijftig stands in drie beurshallen met gratis lezingen en presentaties. De Emigratiebeurs is er voor iedereen die plannen heeft om naar het buitenland te verhuizen; tijdelijk of permanent.

Ambassade

Ga naar de ambassade van het land waar je wilt werken; eerst online en als je serieus geïnteresseerd bent kun je bijvoorbeeld een gesprek aanvragen. Vraag wat je moet doen en wat nodig is om in dat land aan de slag te gaan. Zij kunnen je advies, tips en nadere toelichting geven over de regels die er gelden.

Expat

Expatclubs kunnen je informatie geven. Expats zijn mensen die tijdelijk of vast werken in een ander land dan hun geboorteland. Kijk op LinkedIn en Google en typ 'expat' en de 'stad' of het 'land' waar je wilt gaan werken. Je krijgt zo snel zicht op anderen die de stap al hebben gemaakt en die je misschien om tips kunt vragen. Je kunt ook contact zoeken met expats in Nederland, door bijvoorbeeld te informeren bij expatcentra in Amsterdam en Rotterdam. Zij hebben tips en een omvangrijk netwerk.

Tweetalig

Je maakt als Nederlander meer kans op een baan in het buitenland als ze in dat bedrijf op zoek zijn naar mensen die Nederlands spreken (en andere talen). Bijvoorbeeld bij callcenters in Marokko of Nederlandse bedrijven in het buitenland.

Deze vacatures vind je op de Nederlandse vacaturesites, maar je hebt ook uitzend-, werving- en selectiebureaus die deze internationale vacatures hebben. Denk bijvoorbeeld aan Adecco, Manpower en Michael Page.

Bedrijvensites
Bekijk de website van het bedrijf waar je wilt werken en kijk naar de vacatures die ze hebben. Zoek naar vestigingen in het buitenland van Nederlandse bedrijven. Zij kunnen een eerste aanknopingspunt zijn voor je zoektocht naar een baan in het buitenland.

26.2 VOORDELEN EN NADELEN VAN INTERNATIONAAL WERKEN

Voordelen
- Het is avontuurlijk.
- Je maakt persoonlijke groei door.
- Je kunt je talen verbeteren.
- Je kunt een internationale carrière opbouwen.
- Het is goed voor je cv.

Nadelen
- Er komt veel bij kijken, je laat bijvoorbeeld je sociale leven achter je.
- Als je niet doordacht de stap zet kom je er snel van terug.
- Het mislukt soms omdat jijzelf of je partner teleurgesteld raakt of heimwee krijgt.

IK VERTREK
Onderschat een stap naar het buitenland niet, maar laat je ook niet afschrikken. Er zijn honderdduizenden mensen succesvol voor jou gegaan, dus waarom zou het jou niet lukken. Goed voorbereid zijn vergroot je kans op succes enorm. Hoe het niet moet, kun je vaak zien in het tv programma 'ik vertrek' op ikvertrek.nl.

Online training

Wil je jouw zoektocht naar een baan zo effectief mogelijk inzetten? Maak dan een concreet Baanzoekplan met behulp van onze online training *Zo vind je een baan!*

Wij geloven dat je met behulp van onze aanpak in staat bent om binnen zes maanden een nieuwe baan te vinden. Naast het boek bieden wij onze aanpak aan in een heel praktische online training waarbij je binnen 10 tot 13 uur alle belangrijkste inzichten over solliciteren anno nu leert. Het resultaat is een compleet ingevuld Baanzoekplan en Ontwikkelplan. Dat is de belangrijkste basis is van jouw arbeidsmarktoriëntatie.

De online training geeft een verdieping op de volgende thema's:
*   **Aanbrengen van focus:** startpunt van je zoektocht.
*   **Slimme zoektips:** meer vacatures met behulp van de juiste zoekwoorden, boolean logic en geavanceerd zoeken.
*   **Oriëntatiemethode:** waar vind je die baan? (praktische aanvulling i.c.m. het boek)
*   **Match met de vacature:** leer hoe een recruiter naar je cv kijkt, hoe je beter matchbaar en vindbaar wordt en hoe je jouw arbeidsmarktpositie kunt verbeteren.
*   **Structuur:** Hoe breng je voldoende structuur aan? Hoe blijf je gemotiveerd?
*   **Onderscheidend vermogen:** hoe zorg je dat je opvalt tussen alle andere sollicitanten?
*   **Sterker in je schoenen staan:** leer omgaan met werkloosheid en de druk rond solliciteren.

Hoe maak je een winnend cv en motivatie
Verschillende professionals geven tips vanuit hun ervaring met recruitment, arbeidsmarkt en solliciteren. Je krijgt opdrachten en vragen. En natuurlijk kun je zelf ook vragen stellen aan de trainer. Het vinden van een baan wordt een stuk leuker, met praktische opdrachten, testen en inspirerende filmpjes. Dit boek in combinatie met de online training geven jou een vliegende start op de arbeidsmarkt. Kijk voor meer informatie op:
www.sollicitatiedokter.nl

VEEL SUCCES!

Dorien Waasdorp-Slotboom

Aantekeningen